介護スタッフ研修ワークブック

まんがで学ぶ！

「まんがで学ぶ！介護スタッフ研修ワークブック」制作委員会/編

電気書院

はじめに

　みなさん、はじめまして。本書をお手に取っていただき、ありがとうございます。

　多くの介護職は専門資格を持って現場に従事していますが、日常に起きる出来事に対して習得した知識や技術をそのまま活用できず、戸惑いや焦りから、自信をなくすこともしばしばあります。本書の舞台、介護施設"いばしょ"には、千春、伸彦、桃子の新人3人が登場します。3人も初任者研修を受講していますが、はじめからうまくいくことばかりではなく、迷ったり、落ち込んだりをくり返します。でも、それは、とても自然なことなのです。利用者には、これまで送ってきた生活習慣があり、考えや感情があります。その上で、現在の環境や人間関係が相まって、日常生活を送っています。そうです。1人ひとりの思いは違うのです。

　介護職は、その人や生活を支援する対人援助職です。すべての利用者に対して「その人を理解し、その人らしさを守る」という姿勢で接することが大切です。あなたの経験するすべての出来事に意味があります。「学びたい」「知りたい」「なんとかしたい」、その気持ちを行動に変えることが、利用者やご家族の「この人に任せたい」「この人にお願いしたい」「この人でよかった」という評価につながります。

　専門職として、学び続けてください。そして、千春たちのように、喜びを分かち合える仲間に出会い、自らが描く介護職になることを応援しています。

本文・まんが原作執筆
山本　陽子

Contents

はじめに　　iii
本書の構成と使い方　　vi

| 第1回 | テーマ：職業倫理 ……………………………………………… 1 |
「一番大切なキーワードは『尊厳』です」

| 第2回 | テーマ：QOL（生活の質）……………………………………… 9 |
「できることをみつけましょう」

| 第3回 | テーマ：接遇 …………………………………………………… 15 |
「よい接遇で安心アップ」

| 第4回 | テーマ：コミュニケーション ………………………………… 23 |
「まず、話を聞きましょう」

| 第5回 | テーマ：バイスティックの7原則 …………………………… 31 |
「良好な援助関係をつくるには」

| 第6回 | テーマ：レクリエーション …………………………………… 39 |
「楽しいレクリエーションのコツ」

| 第7回 | テーマ：リスクマネジメント ………………………………… 45 |
「小さな危険を見逃していませんか？」

| 第8回 | テーマ：心理面に配慮した生活支援 ………………………… 53 |
「気持ちのケアを忘れずに」

| 第9回 | テーマ：感染症予防 …………………………………………… 61 |
「あやしいものはシャットアウト！」

Contents

| 第10回 | テーマ：虐待防止 | 69 |

「その行為は相手を傷つけていませんか？」

| 第11回 | テーマ：介護記録 | 75 |

「苦手な記録を克服しよう！」

| 第12回 | テーマ：家族への対応 | 81 |

「説明力でしっかり関係づくり・クレーム対応」

| 第13回 | テーマ：認知症への対応① | 87 |

「さりげない配慮が認知症の人を助けます」

| 第14回 | テーマ：認知症への対応② | 95 |

「認知症の人の行動には理由があります」

| 第15回 | テーマ：認知症への対応③ | 101 |

「あわてず、正しい理解で対応しましょう」

| 第16回 | テーマ：ターミナルケア | 109 |

「最期のときまで支える」

| 第17回 | テーマ：ストレスマネジメント | 119 |

「やめない介護スタッフになるために」

| 第18回 | テーマ：キャリアデザイン | 127 |

「どんな介護職になりたいですか？」

おわりに　134
記入例と解説　135

本書の構成と使い方

　介護スタッフの研修で取り上げられるテーマを18回分設定しました。各回とも本書の前半に設問、後半に記入例と解説を掲載しています。設問ではマンガのストーリーを入れることで理解しやすく、興味を持って学習に取り組んでいただけるように工夫をしています。

設問

あとで設問に問われる場面に❗マークがついています。
注意をしてお読みください。

まずは○×問題でウオーミングアップです。基本知識の確認をしましょう。

文章でも、箇条書きでも、思いついたことを自由に書いてください。

記入例と解説

設問の記入例が書かれています。
＊これだけが解答のすべてではありません。

第1回 「1番大切なキーワードは『尊厳』です」
テーマ：職業倫理

1 介護職の職業倫理について、適切なものには○、不適切なものには×を入れましょう。

① 専門職には倫理が求められる。　　　　　　　　　　（ ○ ）
→専門的な知識・技術だけでなく、専門職の倫理が求められます。

② 利用者の立場に立って誠実に業務を行う。　　　　　（ ○ ）
→利用者1人ひとりの尊厳を守ることが大切です。

③ 利用者の自己決定よりも、家族の意向を尊重する。　（ × ）
→家族の意向を考慮しながら、介護を受ける本人の意思に基づくサービスを提供しましょう。

④ 利用者の要求はどんな場合でも受け入れる。　　　　（ × ）
→全ての要求が本人にとって利益になるとは限りません。専門職の立場から情報の提供や説明を行い、自己決定を助けることも必要です。

⑤ 研修会などで自分の技術や知識を深める。　　　　　（ ○ ）
→サービスの質の向上に努めましょう。

2 この場面を考えよう！

(1) 「やめてください！」と言っているのに、千春のような対応をされたら、あなたなら、どんな気持ちがしますか？
例▶・いやな人だ　・この人にはやってもらいたくない
　　・失礼な人だ　・絶対に掃除をやらせない！　など。

・自分が利用者の立場に立った時、どんな気持ちがするかを考えましょう。
・利用者は介護職をよく見ています。自分が尊重されていないことを敏感に感じます。

(2) あなたなら、「やめてください！」と近寄ってきた堀内さんにどのように対応しますか？
例▶・いったん掃除機を置き、利用者にサービス内容を説明する
　　・堀内さんの質問に答え、安心してもらう　など。

・堀内さんは怒っています。怒っているという感情を理解することが大切です。
・まずお詫びをしてから、怒らせてしまった理由を聞きましょう。

3 この場面を考えよう！

(1) 何が原因で千春は堀内さんを怒らせてしまったのでしょうか？
例▶・「結構ですよ」と言っているのに「でも、掃除をしに来たんです！」と自分の都合を優先したから
　　・新人の千春と馴染みの関係ではなかったから　など。

・業務を優先するのではなく、利用者中心にして考えます。
・自分では意識がなくても、利用者の尊厳を傷つけている場合があります。

(2) それでは、どのように対応すればよかったでしょうか？
例▶・挨拶の後、サービス内容を説明し、どんな用事でやってきたか、(訪室の理由)をきちんと伝えて安心してもらう
　　・利用者が希望する掃除のやり方を教えてもらい、その通りに行う　など。

・生活習慣や希望は1人ひとり異なります。個別性に配慮した対応が必要です。
・声かけや手順に不安があるときは、何度でも上司や先輩に相談したり、個別介護計画書を確認し、適切なサービスを提供しましょう。

 堀内さんに聴きました‼
私はいつも目に見えるゴミは拾っているから、今日は綺麗だし掃除機はかけなくていいと思っていたの。私も説明が足りなかったけど、そのつどお願いしたい方法を確認して、自分に合わせてくれるとうれしいわ。ほら、年を取ると体調や気分もその日によって違うしね（笑）

設問ごとにポイント解説がついています。

マンガの後日談です。
登場人物の思いを感じてください。

主な登場人物

田中千春（22）
大学を卒業し、就職せずに初任者研修（初級の介護資格）を取得した社会人1年生。性格は前向き、何事にも積極的。真面目。

橋本伸彦（27）
高校を卒業後、アルバイトを転々とし、関心のあった介護現場へ。初任者研修資格あり。好奇心旺盛。

中谷桃子（50）
週5回出勤のパート職員。初任者研修資格あり。デイサービスで1年の経験あり。朗らかでやさしい。マイペース。

施設長（44）
人材育成ではこれまで苦い経験もあったが、試行錯誤して今のスタイルに落ち着いた。スタッフからも信頼が厚い。

第1回

1番大切なキーワードは「尊厳」です

テーマ：**職業倫理**

まず、介護職の職業倫理について考えていきましょう。

いきなり、むずかしそう……。私についていけるかな。

職業倫理は、専門職として信頼を得るために必要な行動規範ともいえます。

仕事をするうえでの基本、決まりごとなんですね。

実際、仕事をすると、いろんな場面で職業倫理をもとに対応しなければならないことがわかります。また、適切に守ることで、利用者と良好な関係をつくることができます。

私たちの仕事は、日常の生活支援、健康管理など利用者の暮らしに身近ですものね。

そのため安心できるサービス、質の高いサービスが求められます。高い倫理性を養っていきましょう。

はい！　よろしくお願いします！

▶ **実際の場面を見ていきましょう。**

第1回

テーマ：職業倫理

名　前：

提出日：

1 介護職の職業倫理について、適切なものには○、不適切なものには×を入れましょう。

① 専門職には倫理が求められる。　　　　　　　　　　　　　（　　）
② 利用者の立場に立って誠実に業務を行う。　　　　　　　　（　　）
③ 利用者の自己決定よりも家族の意向を尊重する。　　　　　（　　）
④ 利用者の要求はどんな場合でも受け入れる。　　　　　　　（　　）
⑤ 研修会などで自分の技術や知識を深める。　　　　　　　　（　　）

2 この場面を考えよう！

(1) 「やめてください！」と言っているのに、千春のような対応をされたら、あなたなら、どのような気持ちがしますか？

------

(2) あなたなら、「やめてください！」と近寄ってきた堀内さんにどのように対応しますか？

_____
_____
_____
_____
_____

3 この場面を考えよう！

(1) 何が原因で、千春は堀内さんを怒らせてしまったのでしょうか？

_____
_____
_____
_____
_____

(2) それでは、どのように対応すればよかったでしょうか？

_____
_____
_____
_____
_____

知識を広げよう！

専門職としての心がまえ

特定の職業に就く専門職には、職業倫理が求められます。専門職には、仕事についての法律などを理解して守ることはもちろん、仕事への姿勢や能力が問われます。では、介護職の職業倫理とは何でしょうか？

介護職は利用者の生活を支援する専門職です。利用者の日常生活に接するため、プライバシーに触れたり、個人情報を知ることができたりします。介護の仕事には利用者の人権に配慮しなければならない場面が多くあるのです。また、認知症や高次脳機能障害などで、自分の意思をあらわしにくい利用者の支援をする際には、利用者の権利を守るために代弁者の役割も担います。利用者の権利が守られ、安心・安全を提供するための行動の基本となるものが、介護職の職業倫理です。

安心・安全はその人を尊重して、信頼を得るように努めることから始まります。

具体的には、介護福祉士会倫理綱領、社会福祉士法及び介護福祉士法が参考になります。ここでは介護福祉士会倫理綱領を抜粋してご紹介します。

> その人をかけがえのない人として尊重すること、つまり**1番大切なキーワードは「尊厳」**です！！

日本介護福祉士会倫理綱領	
私たち日本介護福祉士会は、1人ひとりの心豊かな暮らしを支える介護福祉の専門職として、ここに倫理綱領を定め、自らの専門的知識・技術および倫理的自覚をもって最善の介護福祉サービスの提供に努めます。	
利用者本位・自立支援	介護福祉士はすべての人々の基本的人権を擁護し、1人ひとりの住民が心豊かな暮らしと老後が送れるよう利用者本位の立場から自己決定を最大限尊重し、自立に向けた介護福祉サービスを提供していきます
専門的サービスの提供	介護福祉士は、常に専門的知識・技術の研鑽に励むとともに、豊かな感性と的確な判断力を培い、深い洞察力をもって専門的サービスの提供に努めます
プライバシーの保護	介護福祉士は、プライバシーを保護するため、職務上知り得た個人情報を守ります
総合的サービスの提供と積極的な連携、協力	介護福祉士は、利用者に最適なサービスを総合的に提供していくため、福祉、医療、保健その他関連する業務に従事する者と積極的な連携をはかり、協力して行動します
利用者ニーズの代弁	介護福祉士は、暮らしを支える視点から利用者の真のニーズを受けとめ、それを代弁していくことも重要な役割であると確認したうえで、考え、行動します
後継者の育成	介護福祉士は、すべての人々が将来にわたり安心して質の高い介護を受ける権利を享受できるよう、介護福祉士に関する教育水準の向上と後継者の育成に力を注ぎます

第 2 回

できることをみつけましょう

テーマ：QOL（生活の質）

 ここでは、QOLについて考えていきましょう。

 知っています！ 「クオリティ・オブ・ライフ」、生活の質のことですね！

 QOLは生きがい、やりがいともいえますね。喜びや満足感、達成感を感じたり、生きる意味を重視します。

 なるほど。

 介助のやり過ぎは、その人のQOLを奪うことにもなりかねません。

 そのためにも、利用者のADLやIADLを知っておかなくてはいけませんね。

 専門用語をよく知っていますね。

 はい！ でも、まだ、よくわからなくて……。

 では、一緒に学んでいきましょう。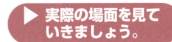

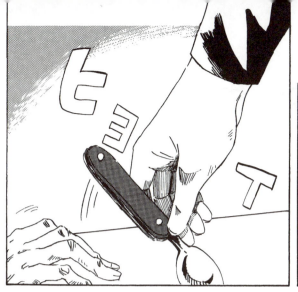

テーマ：QOL（生活の質）

名　前：
提出日：

1 次の設問について適切なものには○、不適切なものには×を入れましょう。

① QOLは充実感、満足感を持って生活しているかを評価する考え方である。
（　　）
② ADLは日常生活を営むうえで、普通に行っている行動である。（　　）
③ IADLはADLより複雑で高次な行動を指す。（　　）
④ ADLが自立していなければ、利用者の望む支援は何でもする。（　　）
⑤ QOLの向上で、最も重視するのはADLの自立である。（　　）

2 どのように支援すればQOLの向上につながるか、思い浮かぶことを書きましょう。

----

3 この場面を考えよう！

長野さんについて、この絵の範囲で観察できることを書きましょう。

_____
_____
_____
_____
_____
_____
_____

4 この場面を考えよう！

(1) どうして、長野さんは困った表情になったのでしょうか？

_____
_____
_____
_____
_____

(2) 伸彦は、長野さんにどのように対応すればよかったでしょうか？

_____
_____
_____
_____
_____

知識を広げよう！

その人らしく、よりよく生きるために

　介護職がきちんと利用者をアセスメント（情報収集・情報分析・課題の明確化〈ニーズ〉）をすることが、その人のQOLの向上につながります。たとえば、食事介助。もともと右利きで右麻痺なのか、もともと左利きで右麻痺なのかで食事介助の関わり方が変わります。以前の生活習慣では夜の遅い時間に食事をしていたため、施設のスケジュールに順応できず「まだ早い」「おなかが空いていない」と食が進まない利用者がいたとします。そんな時、理由も聴かず「食べてしまってください」「もったいないですよ」と頭ごなしに言ってしまえば、その人の心を傷つけてしまいます。施設や事業所では、個人に合わせ食事時間を変更することは難しいですが、その条件の中で、いかに美味しく、楽しく、健康的に食べていただけるかを考えていきます。

利用者の「できること」と、「やっていること」が同じになるといいですね

ICF

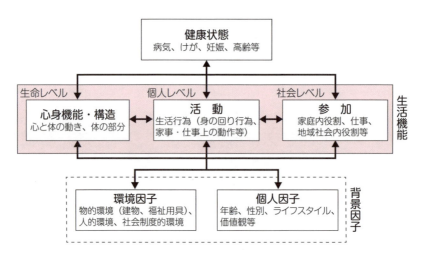

　この図をみたことがありますか？　ICF、日本語では国際生活機能分類と訳されています。生活機能と背景因子との相互作用に着目しながら、何が普通に生活をしていく障害になっているかを明らかにするモデルです。生活機能の低下は、健康状態だけによってもたらされるわけではなく、背景因子も影響すると捉えています（介護者は環境因子に該当します）。ICFの視点を活用し、その人に応じた環境を整えていきましょう。

第3回

よい接遇で安心アップ

テーマ：接　遇

 ここでは利用者に対して失礼がないように、接遇について学んでいきます。

 接遇って意識したことがなかったのですが、介護職でも必要なんですね。

 介護の分野でも接遇という言葉が定着してきました。基本になるのは、挨拶、言葉づかい、身だしなみです。また、表情や態度にも気をつけなくてはいけません。

 介護職でなくても、社会人としての基本ですね。

 気持ちのよい挨拶をしてもらって、言葉づかいも丁寧で、身だしなみもきちんとしていれば……どうでしょう？

 印象がいいですね。きちんと仕事をしてくれる気がします。

 印象によって利用者の満足度が大きく変わります。

 この人だったら、任せられる！と、思ってもらえれば嬉しいです。

▶ **実際の場面を見ていきましょう。**

第 3 回

テーマ：接 遇

名　前：

提出日：

1 接遇について、適切なものには○、不適切なものには×を入れましょう。

① 目上の人には敬語で話す。　　　　　　　　　　　　　　（　　）
② 身だしなみは清潔感を重視する。　　　　　　　　　　　（　　）
③ 職員同士の私語は場所をわきまえる。　　　　　　　　　（　　）
④ 第1印象は言語の部分が大きい。　　　　　　　　　　　（　　）
⑤ 利用者は親しみやすいようニックネームで呼ぶ。　　　　（　　）

2 あなたが日頃、心がけている挨拶のポイントは何ですか？

---

3 日常的な表現をあらたまった表現に変えましょう。空欄を埋めてください。例）やってもらえますか → お願いできますか

日常的な表現	あらたまった表現	日常的な表現	あらたまった表現
さっき		持っていきます	
あとで		いいですか	
ごめんなさい		ひまな時に	
いいです（断るとき）		言ってください	
どうですか		悪いですが	

4 この場面を考えよう！

介護職にとってなぜ接遇が必要だと思いますか？

_____
_____
_____
_____
_____
_____
_____

5 この場面を考えよう！

星川さんは千春の接遇に安心しています。理由を書いてみましょう。

_____
_____
_____
_____
_____

知識を広げよう！

身だしなみチェックシート

頭　髪
☐ 前髪が目に被っていませんか？
☐ 整髪料の香料やにおいはありませんか？
☐ 髪は整えられていますか？　長い髪は束ねていますか？
☐ 不自然な髪色ではないですか？

顔・口
☐ ヒゲが伸びていませんか？
☐ 厚化粧をしていませんか？
☐ 化粧品（香水）、口臭、タバコ、汗のにおいはありませんか？

手・指
☐ マニキュアをしていませんか？
☐ 爪を伸ばしっぱなしにしていませんか？
☐ 時計やアクセサリーなどは外しましたか？

服　装
☐ 胸元が開きすぎ、下着が透けていませんか？
☐ ボタン等が取れていませんか？
☐ シャツなどをきちんとズボンの中に入れていますか？
☐ 服が汚れていませんか？
☐ 袖や裾が長すぎませんか？
☐ 制服を着崩していませんか？
☐ ネームプレートは付けていますか？

足　元
☐ 靴や靴下が汚れていませんか？
☐ 靴のかかとを踏んでいませんか？
☐ 靴紐は結んでいますか？

> 身だしなみはその人の人格や人柄を感じさせます

第4回

まず、話を聞きましょう

テーマ：**コミュニケーション**

ここでは、介護職に大切なコミュニケーションについて学びます。

僕はいろんな人と話すのが好きで、この仕事に向いていると思っていたんですが、利用者とのコミュニケーションはむずかしいです。

むずかしい？

何か話さなければいけないと思うと話題がみつからなくて。

コミュニケーションの基本は傾聴です。相手の話をじっくり聴くことからはじまります。自分から話題を作るだけでなく、相手の話を引き出すことも大切です。

コミュニケーションは一方通行では成り立たないですよね。

さりげない思いやりや気遣いがよりよいコミュニケーションに役立ちます。勉強していきましょう！

▶ **実際の場面を見ていきましょう。**

第4回 テーマ：コミュニケーション

名　前：
提出日：

1 コミュニケーションについて、適切なものには○、不適切なものには×を入れましょう。

① 情報伝達と感情伝達の2つの側面がある。　　　　　　　　　（　　）
② 言葉以外の要素ではメッセージが伝えられない。　　　　　　（　　）
③ 自分の現在の状態、感情を知ることは必要でない。　　　　　（　　）
④ 傾聴することで信頼関係が深まる。　　　　　　　　　　　　（　　）
⑤ 介護行為そのものがコミュニケーションである。　　　　　　（　　）

2 コミュニケーション技術について、適切なものには○、不適切なものには×を入れましょう。

① 高齢者は高めの声で話すと聞き取りやすい。　　　　　　　　（　　）
② 認知症の人とのコミュニケーションでは簡潔にわかりやすい言葉を選ぶ。
　　　　　　　　　　　　　　　　　　　　　　　　　　　　　（　　）
③ 「はい」「いいえ」で答えられる質問を閉じた質問という。　（　　）
④ 閉じた質問は会話のきっかけをつくるのに有効である。　　　（　　）
⑤ 利用者の声が小さくて聞こえないときは聞き返さない。　　　（　　）

3 この場面を考えよう！

ふたりは「……」と沈黙してしまいました。理由を書いてみましょう。

----

4 この場面を考えよう！

伸彦は長野さんとうまくコミュニケーションがとれています。成功している要因は何でしょうか？

----

5 あなたが利用者とコミュニケーションする際に、大切にしていることは何ですか？

知識を広げよう！

声かけ名フレーズ集

声かけは介護の基本です。

利用者に介助を行う際には、まず声かけからはじめます。介助への理解をしてもらい、自己決定がスムーズにできるよう、よい声かけをしたいものです。以下に場面ごとの声かけの例を挙げています。あなたの利用者にあてはめてみましょう。

場面①：食事を全部食べられない利用者に対して

- 「食は生きる源なんですって。一緒にパワーアップしましょう！」
- 「しっかり食べて元気でいてくれると、私とてもうれしいです」
- 「○○さんの食が進まないと、私まで元気がなくなります（心配になります）」

▶頑張れという励ましや「食べてください」などの指示ではなく、利用者に寄り添い、食べる気持ちを後押ししています。

場面②：日常会話や雑談で

- 「玄関の作品、あまりに細かい作業なので、思わず足を止めて、見入っていたら、○○さんの作品だと主任が教えてくれました。さすがですね！」
- 「また、あのお話、教えてくださいね。すごく勉強になりました！」
- 「お話していると楽しくて時間を忘れてしまいます」

▶利用者に関心があることを間接的に伝えています。
▶利用者への敬意を感じてもらいましょう。

場面③：リハビリテーション＆レクリエーション

- 「○○さんの取り組む姿勢を真似て、私もヨガを始めたんです」
- 「○○さんがいると盛り上がりますね！」
- 「いつものあの歌をお願いできますか？　○○さんの歌声、大好きなんです」
- 「魚の煮付け、うまくいかないんですが、味付けを教えてもらえますか？」

▶頼りにしていることを間接的に伝えています。
▶利用者を知っているからこその会話です。

気持ちが動けば行動も変わります

第5回

良好な援助関係をつくるには

テーマ：バイスティックの7原則

 ここでは、バイスティックの7原則を学んでいきましょう。

 初任者研修でも出てきました！

 介護職だけではなく、援助者として援助が必要な人に関わるときの規範として有名です。

 初任者研修で学びましたが……言葉が難しくて。

 どうすれば信頼関係を築けるかがポイントです。単に好意を持ってもらうだけではなく、この人なら安心して援助が任せられると思ってもらえることが重要です。

 利用者は、きちんと援助してもらえるか不安ですよね。

 専門職と利用者との信頼関係をつくるには、バイスティックの7原則や職業倫理が参考になります。実際の業務で意識したことはありますか？

 心配になってきました。
振り返って確認してみます。

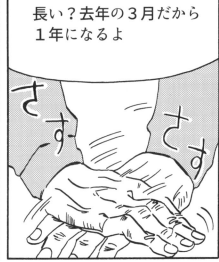

第5回 テーマ：バイスティックの7原則

名　前：
提出日：

1 援助関係の基本について、適切なものには○、不適切なものには×を入れましょう。

1. 介護職と利用者の関係は友人関係と同じである。　　　　　（　　）
2. 信頼関係が援助に影響する。　　　　　　　　　　　　　　（　　）
3. 信頼関係をつくるために利用者のニーズを受け止める。　　（　　）
4. 援助の目標を明確にする。　　　　　　　　　　　　　　　（　　）
5. 介護職が指導する立場で援助を行う。　　　　　　　　　　（　　）

2 バイスティックの7原則は①個別化の原則　②意図的な感情表出の原則　③統制された情緒的関与の原則　④受容の原則　⑤非審判的態度の原則　⑥自己決定の原則　⑦秘密保持の原則です。空欄に該当する原則を入れて下さい。

原　則	介護職の関わりかた
	利用者を決めつけず、個人として捉える
	利用者の自己決定を尊重する
	利用者を頭ごなしに否定せず、受け止める
	利用者の考えや行動に善悪の判断をしない
	利用者が自由に感情表現できるように関わる
	自分の感情を自覚して利用者に関わる
	利用者の秘密は漏らさない

3 それぞれの場面はバイスティックの7原則の、どの原則が守れていないと思いますか？ また具体的に問題となっている行動と、どのように対応したらよいかを書いてみましょう。

(1) この場面を考えよう！

原　則	
問題となっている行動	
どのように対応したらよいか	

(2) この場面を考えよう！

原　則	
問題となっている行動	
どのように対応したらよいか	

(3) この場面を考えよう！

原　則	
問題となっている行動	
どのように対応したらよいか	

知識を広げよう！

守れていますか？　バイスティックの7原則

原　則	チェックポイント
個別化の原則	利用者を決めつけず、個人として捉える ▶「高齢者」「認知症の人」など、タイプに当てはめ、決めつけた対応をしていませんか？ ▶生活歴や価値観は1人ひとり違います
自己決定の原則	利用者の自己決定を尊重する ▶利用者にものごとを押しつけていませんか？ ▶利用者の行動を決定するのは利用者自身です ▶自分で決定しやすいように情報提供を行いましょう
受容の原則	利用者を頭ごなしに否定せず、受け止める ▶共感的な態度で接していますか？ ▶傾聴してから、自分の意見を述べましょう
非審判的態度の原則	利用者の考えや行動に善悪の判断をしない ▶自分の思うように利用者に行動してもらえないと「それは間違っている、よくない」と考えてしまいませんか？ ▶利用者の思いを受け止め、一緒に考えていきましょう
意図的な感情表出の原則	利用者が自由に感情表現できるように関わる ▶話しやすい雰囲気をつくるよう意識していますか？ ▶不安や苦情といった感情は、特に表に出にくいです
統制された情緒的関与の原則	自分の持っている感情を自覚して利用者に関わる ▶利用者に感情移入をしすぎていませんか？ ▶冷静に利用者と向き合わなければ、適切な援助はできません
秘密保持の原則	利用者の秘密は漏らさない ▶雑談の中でも利用者の秘密を話していませんか？ ▶プライバシーが守れないようでは、信頼してもらえません

原則を守って利用者との関係を良好にしましょう！

第6回

楽しいレクリエーションのコツ

テーマ：レクリエーション

ここでは、レクリエーションについて考えていきましょう。
レクリエーションは生活に楽しさを提供するものです。

誰にでも必要なことですね。

集団で行うレクリエーションでも、1人ひとり気がねなく、
楽しんでもらえるように考えなくてはなりません。

やっぱり皆さんに楽しんでいただきたいです。そのためには、
1人ひとりの好みを知らないといけないですね。ゲーム、クイズ、
運動、歌、どんな企画が喜んでもらえるかなぁ。

今日は頭を使うクイズ、今日は体を使う運動などバランスを考え
て取り組むと新鮮です。また、遊びに限定しないで、生活の中で
楽しめるようにするのもいいですよ。

アイデア次第でどんどん広がりそうですね。

▶ 実際の場面を見ていきましょう。

テーマ：レクリエーション

こんにちは何しているんですか？

失語症の藤谷さんとどうやって会話をしているんだろう？

食堂に飾るお花の絵に色づけをお願いできますか？

こんにちはおしゃべりよ

いいわよ

いいわよね？

うんうん

テーマ：レクリエーション

名　前：
提出日：

1 レクリエーションについて、適切なものには○、不適切なものには×を入れましょう。

① QOLを高めることを目的とする。　　　　　　　　　　　　（　　　）
② 利用者の生活歴、興味・関心を把握しておく。　　　　　　（　　　）
③ 利用者全員が参加できる内容を考えることが重要である。　（　　　）
④ 介護職が中心となって行う。　　　　　　　　　　　　　　（　　　）
⑤ 昔のことを思い出して語ることを回想法という。　　　　　（　　　）

2 レクリエーションには、どのような効果があると思いますか？

3 レクリエーションの際、あなたが気をつけていることは何ですか？

4 この場面を考えよう！

あなたは失語症の藤谷さんにどのようなところに配慮し、レクリエーションの説明をしますか？

（注） 藤谷さんは相手の言っていることは理解できても、自分の思いを上手く言葉にできない運動性失語症です。

------

5 この場面を考えよう！

あなただったら利き手に障害のある藤谷さんに、どうやって塗り絵に参加してもらいますか？

知識を広げよう!

とっておきのレクリエーション

　ここでは、記憶力や利用者間交流などのアセスメントを兼ね、実用的に楽しめるメニューをご紹介します。時間の長さの調整ができますし、準備や人手も多くかからない便利なメニューです。

テレビ番組探しゲーム
① 　テレビ欄を拡大コピーします。各テーブルまたは個人に配ります。
② 　司会者が「夕方5時の8チャンネルは?!」とお題を出します。
③ 　探せた人は挙手をして、解答します。

- ▶個人戦、チーム戦で得点制にすると盛り上がります。
- ▶テレビ番組やタレントについて、話の材料も入れます。
- ▶昔のテレビ番組やタレントにも触れましょう。

今日の晩ご飯は何にしましょう?
① 　司会者が「私の今日の晩ご飯を、一緒に考えてください」とお願いします。
② 　「じゃがいも、お肉、にんじんがあります」と食材をホワイトボードに書きます。
③ 　たとえば、「カレーライス」と出れば、足りないものを聞き、書き足していきます。お肉や野菜にそれぞれの種類が出てくるので、違いも楽しみます。
④ 　「次は作り方を教えてください」と手順を聞きながら、書き出します。

- ▶野菜の切り方の大きさなど聞き、多くの方に発言してもらいます。
- ▶どんな回答でも常に受容し、お礼を伝えながら、進めていきます。

⑤ 　「カレーライスは何味が好きですか?」「秘伝の隠し味はありますか?」など、話題を広げていきます。主婦経験のない男性には、「忘れられないカレーライス」など、具体的なテーマを作ってもよいですよ。

> やりたいなと思ってもらえるような環境づくりもポイントです

第7回

小さな危険を見逃していませんか？

テーマ：リスクマネジメント

ここでは、リスクマネジメントを学んでいきましょう。
田中さんはヒヤリハット、つまりサービス提供中に事故にはならなかったけど、ヒヤリとしたり、ハッとした経験はありませんか？

実は、あります。恥ずかしいですが……。

恥ずかしいことではありません。ヒヤリハットをミスと捉え反省することも必要ですが、ヒヤリハットに気づく観察力を養うことが大切ですよ。

見過ごさないことに意味があるんですね。

大きな事故を防ぐために、リスクの情報を共有するものがヒヤリハット報告書です。

たしかに、他のスタッフの報告を読んで、自分自身も注意できた経験があります。

何よりです！　気づいたことは、利用者のために積極的に共有してほしいです。

はい、チームの一員として取り組んでいきます！

テーマ：リスクマネジメント

第7回

テーマ：リスクマネジメント

名　前：
提出日：

1 リスクマネジメントについて、適切なものには○、不適切なものには×を入れましょう。

① 事故防止マニュアルの通りに行動すれば事故は起きない。　（　　）
② リスクマネジメントは事故を未然に防ぐことだけを重視する。（　　）
③ 事故が起きたときの対応を明確にしておく。　　　　　　　（　　）
④ 事故が起きれば家族に知らせなければならない。　　　　　（　　）
⑤ 事故に発展しなかった事例は参考にならない。　　　　　　（　　）

2 介護現場では、どんな事故が起こる可能性があるでしょうか？

----

3 転倒はどのような場面で起こりやすいでしょうか？

----

4 この場面を考えよう！

食事介助中の誤嚥を防ぐため利用者、介護職、環境について配慮するポイントは何ですか？

利 用 者	
介 護 職	
環 境	

5 この場面を考えよう！

酒井さんの誤嚥について、ヒヤリハット報告書を書くための相談をしています。今回の事例について書いてみましょう。

項　目	内　容
ヒヤリハットの内容（経過）	
ヒヤリハット時の対応と結果	
今後、考えられる事故	
再発防止策	

知識を広げよう！

ヒヤリハット報告書

　ヒヤリハット報告書を職場で決められているから仕方なく書いていませんか？　自分の失敗を報告しているようで、積極的に取り組めない人もいるようです。

　ヒヤリハット報告書を書くことは、自分の行動を振り返るよい機会になります。適切な介護を提供しているだろうか？　利用者を危険にさらしていないだろうか？　利用者を不安な気持ちにさせていないだろうか？　など。

　利用者も介護職も人間ですから、毎日同じように上手くいくとは限りません。個人のスキルによっても、ヒヤリハットが多い人と少ない人の違いがあります。また、ヒヤリハットに気づく人と気づかない人の差もあるでしょう。

　なにはともあれ、取り返しのつかない大事故になってからでは遅いのです。自分だけではなく、お互いに気づいたことを注意しあう意味を理解し、事故防止にチームとして取り組んでいきましょう。

 報告書を書いただけで検討しなかったり、他のスタッフの報告に目を通さないようでは、同じことがくり返されます

ハインリッヒの法則

　ハインリッヒの法則とは、1件の大きな事故があれば、その背後に29件の軽度の事故があり、300件のヒヤリハット事例が潜んでいるという法則です。たとえば、1件の転倒事故には、29回の転倒しかけた状況があり、300回の滑ったり、つまずいたなどのヒヤリハットがあります。滑ったり、つまずいたときに対策を練っていれば、転倒事故は起きなかったことになります。この法則を参考にしたものが、ヒヤリハット報告書です。それぞれのスタッフの気づきをチームの注意に変えていきましょう。

事故防止には、早めの気づきと行動が大切です

第8回

気持ちのケアを忘れずに

テーマ：心理面に配慮した生活支援

 中谷さん、仕事には慣れてきましたか？

 食事介助、排泄介助、入浴介助など、だいぶコツがわかってきました。

 介助の拒否をされたことはありませんか？

 「食べたくない」「トイレに行きたくない」「お風呂に入りたくない」と拒否されると、気持ちの余裕がなくなってしまいます。

 利用者にとっては拒否ではなく、自分の気持ちを率直に伝えているだけなんです。

 拒否している時、利用者がどう感じているかを考えたことがなかったです。

 介助を行う、行わないにこだわってしまうと、利用者の気持ちを置き去りにしてしまいます。

 利用者の気持ちを考えた、よい介助ができるようになりたいです。

▶ 実際の場面を見ていきましょう。

テーマ：心理面に配慮した生活支援

ありがとう

ここへ来てね、
背中を流してもらって
浴槽に入れてもらって
本当に気持ちよかったの

でも……

あるとき、
急に情けなく
なっちゃった

まだ70歳前……

孫の面倒を
見ている人も

働いている人
だっているし

趣味を楽しんで
いる人もいる

第8回

テーマ：心理面に配慮した生活支援

名　前：

提出日：

1 加齢に伴う心身の変化について、適切なものには○、不適切なものには×を入れましょう。

① 視力、聴覚、味覚が衰える。　　　　　　　　　　　　（　　）
② 病気によって気持ちの変化があらわれることがある。　（　　）
③ 身体的機能の個人差が小さい。　　　　　　　　　　　（　　）
④ 性格が穏やかになり不安を感じなくなる。　　　　　　（　　）
⑤ 精神的なことが原因で体調不良が起こることがある。　（　　）

2 あなたが介助の際、利用者の気持ちに対して配慮していることは何ですか？

----

3 この場面を考えよう！

織田さんは桃子に向かい入浴のお礼を伝えました。どうして織田さんの行動が変わったのでしょうか？

----

4 この場面を考えよう！

織田さんは、どうして情けなくなってしまったのでしょうか？

----

5 この場面を考えよう！

「もう迷惑をかけたくないの」と涙ぐむ織田さんに、あなたならどのように入浴できるように支援しますか？

知識を広げよう！

高齢者のタイプ

　老年期（65歳以上の人）の生き方や社会への適応は、個人の性格と深い関係があると考えられています。アメリカの心理学者ライチャードは、「老年期における人格特性」を5つに分類しました。

円 熟 型（適応）	自分や自分の人生を受け入れている未来志向型
安楽いす型（適応）	自分の現状を受け入れているが他人に依存し受け身的
防 衛 型（適応）	老化への不安を活動し続けることで抑圧し、自己防衛している
外 罰 型（不適応）	自分の過去や老化を受け入れることができない。他人のせいにして相手を非難する
内 罰 型（不適応）	自分の人生を失敗とみなし、自分のせいだと考えている

　老年期の傾向を知ることで、声掛けやアプローチの仕方の参考にしてください（利用者を分類に当てはめて、決めつけるためのものではありません）。

　老化によるしわやシミ、薄毛、円背などの目に見える変化や、これまで1人で難なくできていたことが1人ではできなくなったなどの行動の変化は老いを感じるきっかけになり、心理（気持ち）に影響を与えます。

　また、事例の織田さんのように主人の死や人生の大きな出来事で、一時的に気持ちが落ち込んだり、葛藤していることもあります。利用者の今は過去の積み重ねです。

　介護職はサービス提供にあたり、利用者の身体の状態はもちろん、心理面を理解する必要があります。介護は相手の気持ちに添うことから始まります。誠実に向き合う姿勢が伝われば、利用者に心を開いてもらえるでしょう。

> 利用者を知り、今の姿に向き合っていきましょう

第9回

あやしいものはシャットアウト！

テーマ：**感染症予防**

ここでは、感染症予防について学んでいきましょう。感染症といえば、何を思いつきますか？

えーと、夏場の食中毒‼

食中毒は夏場だけでなく1年を通じて、いつの時期にも起こりますよ。

インフルエンザも怖いです。高熱を出して寝込んだことがあります。

インフルエンザは普通の風邪と区別しにくいですが、あやしいと思ったらすぐ私に報告してください。介護職がうつさないようにしないといけません。

利用者にうつしてしまうなんて話にならないですね。

肺炎や尿道炎などは毎日の介助に関係する感染症です。

日頃から気をつけなくてはいけないですね。

▶ **実際の場面を見ていきましょう。**

突然熱っぽくなって……
心配してくれるんですか？

風邪？

入ってくるなり
咳をされたんじゃ、
うつされるかと
心配するわよ

えっ?!

違うわよ
うつさないでね

すみません

▶ それでは設問です。

第9回 テーマ：感染症予防

名　前：

提出日：

1 感染症について適切なものには○、不適切なものには×を入れましょう。

① 高齢者の感染は少ない。　　　　　　　　　　　　　（　　）
② 病原体で汚染されたものを感染源という。　　　　　（　　）
③ 介護職が病原体を持ち込むことがある。　　　　　　（　　）
④ 施設では集団感染につながることがある。　　　　　（　　）
⑤ インフルエンザでは死亡には至らない。　　　　　　（　　）

2 高齢者施設で集団感染を起こす代表的な病原体（感染症を起こす微生物）を書いてみましょう。

----

3 高齢者施設では、どのようなものが感染源（病原体が存在するもの）になる可能性があるでしょうか？

----

4 あなたが日頃、実践している感染予防策は何ですか？

----

5 この場面を考えよう！

突然熱っぽくなって……
心配してくれるんですか？

伸彦は急な発熱と咳からインフルエンザが疑われます。感染予防のために、できること、注意すべきことを書いてみましょう。

知識を広げよう！

日頃からできる感染症予防は何ですか？

　感染症予防には①病原体を持ち込まない、②病原体を持ち出さない、③病原体を拡げないことが重要です。そのために手洗い、手指消毒、うがい、マスクの着用や環境整備（清掃や清潔保持）を行います。

①両手の掌をよくこする　　②手の甲をこすり洗いする　　③次に指先を入念にこする

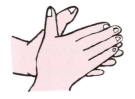 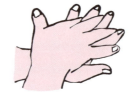 

④指の間を十分に洗う　　⑤親指と手掌をねじり洗いする　　⑥手首も忘れず洗う

 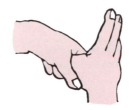 

　手洗いは石鹸を使って流水で30秒以上（「もしもしカメよ、カメさんよ」を2回心の中で歌う）かけて行いましょう。

利用者とともに、介護行為ごとの手洗い（1ケア1手洗い）を習慣づけましょう

主な病原体と予防策

病原体	感染経路	予防策
MRSA	接触して感染	手すり・ドアノブの消毒など
インフルエンザウイルス	空気を介して感染	マスクの着用、隔離、予防接種など
大腸菌	食べることにより感染	食品の加熱、水洗いなど
ノロウィルス	食べることにより感染 接触することにより感染	食品の加熱、排泄物や嘔吐物の管理など
疥癬	ダニが運んで感染	衣類・寝具交換、タオルを共有しないなど

第10回

その行為は相手を傷つけていませんか？

テーマ：虐待防止

ここでは、虐待について考えていきましょう。高齢者は、高齢者虐待防止法（正式名称：高齢者虐待の防止、高齢者の養護者に対する支援等に関する法律）によって守られています。

私も職場のスタッフも、みんな、虐待なんかしていません！

はい、いつも利用者のためによくやってくれて感謝しています。でも、その思い込みが怖いんですよ。

思い込み？

暴力を振るう、強い言葉で叱りつけるなど、誰がみても虐待とわかるもの以外にも、相手にとってはつらいと感じさせてしまう行動があります。

虐待していると思っていなくても……。

職場で虐待が起きるかもしれないという危機感を持つこと、自分の行動を冷静に振り返ることが必要です。

虐待が起きるなんて悲しい、悔しい気持ちになります。今から正しく学びたいと思います。

▶ 実際の場面を見ていきましょう。

第10回

テーマ：虐待防止

名　前：
提出日：

1 高齢者虐待について、適切なものには○、不適切なものには×を入れましょう。

❶ 要介護度が低いと虐待が起こりやすい。　　　　　　　　　（　　　）
❷ 高齢者虐待防止法に介護サービス従事者の義務が規定されている。
　　　　　　　　　　　　　　　　　　　　　　　　　　　　（　　　）
❸ 介護サービス従事者は、虐待が不確定な状況であれば市町村に通報しなくてもよい。　　　　　　　　　　　　　　　　　　　　　　　（　　　）
❹ 介護サービス従事者による虐待は、教育・知識・介護技術に関する問題が多い。　　　　　　　　　　　　　　　　　　　　　　　　　（　　　）
❺ 施設の社会的信頼が低下する。　　　　　　　　　　　　　（　　　）

2 次の（　　　）に該当する虐待の種類を埋めましょう。

種類	主な具体例
（　　　）	・暴力行為 ・乱暴に扱う行為 ・身体拘束
（　　　）	・脅したり、バカにしたりする発言や態度 ・無視するような態度
（　　　）	・わいせつな行為をすること、させること
（　　　）	・必要とされる介護や世話を怠る（著しい減食、長時間の放置、医学的な診断の無視など） ・要望や行動を制限させる
（　　　）	・強引もしくは都合よく金銭を借りる、盗む、不正に使用する

3 この場面を考えよう！

あなたなら、このような状況のとき、どのように対応しますか？

_____
_____
_____
_____
_____

4 この場面を考えよう！

千春の「早くしないとだめですよ」という言葉は、安藤さんをどのような気持ちにさせるでしょうか？

_____
_____
_____
_____
_____

5 この場面を考えよう！

あなたなら、安藤さんに「ごめんなさいね」と謝られた場合、どのような対応をしますか？

_____
_____
_____
_____
_____

知識を広げよう！

その行為は身体拘束ではないですか⁈

　ある特別養護老人ホームのスタッフが「これで大丈夫」と安心しています。下肢筋力が低下し、危険を理解できない利用者の転倒防止のためベッドの四方を柵で囲みました。ある老人保健施設では、立ち上がりの目立つ利用者に、車いすとテーブルをくっつけ、自由が効かないようにしました。これらは、利用者が介助を受けやすいようにする目的や、事故を防ぐ目的で行っても、身体拘束（身体的虐待）に該当します。

○身体拘束の具体例
- 徘徊や他人への迷惑行為を防ぐために、体をベッドにしばる
- 自分で降りられないように、ベッドを棚（サイドレール）で囲む
- 点滴などのチューブを抜いたり、皮膚をかきむしらないように、手をしばったり、ミトン型の手袋をつける
- 車いすから落ちたり、立ち上がったりしないように、車いすとテーブルをつける
- 立ち上がる能力のある人に、立ち上がれないようないすを使用する
- 衣服やおむつを外せないように、つなぎ服を着せる
- 行動を落ち着かせるために、向精神薬を過剰に飲ませる
- 自分の意思で開けられない部屋に隔離する

（厚生労働省「身体拘束ゼロへの手引き」を改変）

　身体拘束は身体的（身体機能が低下したり）にも、精神的（生きる意欲を失ったり）にも影響をもたらします。
　しかし、禁止されている身体拘束ですが、必要やむを得ない（以下の①〜③の要件をすべて満たす）場合には、利用者や家族への説明などの手続きをとることで認められます。
① 切 迫 性：利用者本人や他の利用者の生命・身体が危険な可能性が高い。
② 非代替性：身体拘束や行動制限を行う以外に代わる介護方法がない。
③ 一 時 性：身体拘束や行動制限が一時的なものである。

本当に必要やむを得ない場合なのか、職場として検討することが必要です

第11回

苦手な記録を克服しよう！

テーマ：**介護記録**

ここでは、記録について考えていきましょう。

介護記録、連絡ノート、ヒヤリハット報告書……まさか、こんなに書く仕事が多いとは思ってもみませんでした。

チームケアでは報告・連絡・相談が重要ですが、記録はその方法のひとつです。

記録の重要さはわかっているのですが、実際に書くとなると手が止まってしまいます。

記録は実際に自分がやったこと、観察したこと、または人から聞いたことを残しておくものです。人から聞いたことを記録する際は、発信源（利用者・家族・専門職など）を明確にします。

書くポイントがあるんですね。

まずは、先輩や同僚の記録を読んだときに、わかりやすいと思う記録を真似ればよいのですよ。

はい、身近なお手本を探します！

▶ **実際の場面を見ていきましょう。**

テーマ：介護記録

3人そろっての休憩って久しぶりですねー

もう慣れましたか？

ええ、ちょとずつ

レクリエーションで盛り上げ方が上手って施設長に言ってもらいました

すごいですね！頑張って〜!!

私は、何とかって感じですかねー

でも、この前は織田さんに頭の洗い方がやさしいって褒めていただいてうれしかったの

僕は

第11回

テーマ：介護記録

名　前：
提出日：

1 介護記録について、適切なものには○、不適切なものには×を入れましょう。

① 記録はケアを行った証(あかし)になる。　　　　　　　　　　（　　）
② 記録の共有はチームケアに必要なものである。　　　　　　　（　　）
③ 記録は誰でも閲覧できるよう、わかりやすい場所に置く。　　（　　）
④ 利用者本人が求めても見せる必要はない。　　　　　　　　　（　　）
⑤ 記録は事故が起こった場合に、介護職を守ることになる。　　（　　）

2 介護記録の書き方について、適切なものには○、不適切なものには×を入れましょう。

① 記憶が確かな当日中に記録する。　　　　　　　　　　　　　（　　）
② 記録は消せるよう、鉛筆書きが好ましい。　　　　　　　　　（　　）
③ 誰が記録したか署名はしない。　　　　　　　　　　　　　　（　　）
④ 簡潔かつ明瞭に記録する。　　　　　　　　　　　　　　　　（　　）
⑤ 主観的な情報を書くことで、より正確なものとなる。　　　　（　　）

3 この場面を考えよう！

伸彦は記録を書くときに「笑顔でした」と、いつも同じ表現になってしまいます。理由を書きましょう。

----

4 次の文章について、実際の業務を思い浮かべて、具体的に内容を書き足して介護記録を完成させてみましょう。（条件は自由に設定してください）

(1) 帰宅願望あり。その後、徘徊する。

(2) 入浴後、不機嫌になり、食事拒否をする。

知識を広げよう！

わかりやすい記録のために

記録が苦手という場合、2つの理由が考えられます。

① **書き方がわからない。**

これは、表現方法や文章力、難しい専門用語が原因となっていることが多いようです。文章は5W1Hを意識して当てはめると内容が明確になり、必要な情報を漏らさずに記録できます。同じ利用者でも、いつの何のサービスの記録なのかがわからないと、記録の本来の目的を果たすことができません。

② **何を書いていいのかわからない。**

ケアプランや個別介護計画書の長期目標や短期目標、手順や注意点などを確認し、それらを意識したサービス提供を行えば、自然と書くべき内容が理解できます。サービスが一連の流れになってしまうと、観察ではなく印象の記録になってしまいます。

	観察のポイント	記録のポイント
食事	・心身の好不調が出やすい ・介助だけに気を取られず、健康面や心理面をチェックする	・前傾姿勢がとれているか ・足は床に着いているか ・食事中の表情、声掛け時の反応 ・麻痺や障害の状態、介助者の位置 ・好んで食べたもの、残したもの
入浴	・身体の清潔を保つだけでなく、全身の皮膚、関節の曲がり具合、足上げの状態など身体の状態もチェックする	・背中や足が浴槽の壁に着いているか ・前屈みの座位になっているか ・リラックスできているか ・入浴中の会話を楽しんでいるか
排泄	・利用者の尊厳を守る ・毎日の健康を把握する	・排泄物の量、内容、臭いなど ・移乗はスムーズだったか ・排泄中(後)の様子
レクリエーション	・趣味や価値観など個性（その人らしさ）がみえやすい ・意外な一面なども見逃さない	・動きや他者との交流はどうか ・始まる前、始まってから、一番の盛り上がり、終わったときの表情、様子 ・服装や身だしなみはどうか
整容・更衣	・身だしなみを整える行為は、生活に意欲を生むことを意識する	・希望はあるか ・細やかな手の動きと姿勢（座位確保） ・整容前後の変化
夜間	・睡眠は健康を維持するうえで欠かせず、日中の様子にもつながっている ・体調の急変など緊急事態のリスクを把握する	・呼吸の状態、呼吸のリズム、いびき ・布団の状態や体勢 ・室温、照明、換気などの室内環境 ・体調（発熱・発汗・冷感など）

利用者をよく観察して記録しましょう！

第12回

説明力でしっかり関係づくり・クレーム対応

テーマ：家族への対応

 ここでは、家族との関係づくりを考えていきます。利用者だけではなく家族への対応も大切です。

 自分の親がどんな人に生活のお世話を受けているのか、気になりますよね。家族に対してはどんな業務を行いますか？

 利用者の状態、日常の様子、今後の介護方針などについて説明を行います。こちらから説明するだけでなく、家族の意見や意向を聞き取ります。

 これは信頼関係をつくらないといけませんね。

 そうなんです。介護に理解のある家族ばかりではありませんし、予期せぬ出来事が起こることもあります。信頼関係をつくっておくことが大切です。

 家族にも信頼してもらえるようになりたいです！

 そういえば田中さんは、利用者の家族に名前を覚えてもらっていますね？

 はい、先日、名前を呼んでもらって嬉しかったです。

第12回

テーマ：家族への対応

名　前：

提出日：

1 家族への対応について、適切なものには○、不適切なものには×を入れましょう。

① 挨拶、言葉づかい、身だしなみに気をつける。　　　　　　（　　）
② 忙しいという態度はあらわさない。　　　　　　　　　　　（　　）
③ わからないことを聞かれたら返事をあいまいにする。　　　（　　）
④ できるだけ専門用語を使って説明する。　　　　　　　　　（　　）
⑤ クレームには誠意をもってすぐに対応する。　　　　　　　（　　）

2 この場面を考えてみよう！

「そうですねぇ。嚥下力が低下してきていますね」というセリフを、わかりやすい表現に変えてみてください。

3 この場面を考えてみよう！

(1) 桃子の態度をきっかけに娘さんは、本音をぶつけました。何がいけなかったのでしょうか？

（フキダシ：それのどこが大丈夫なんですか?!）

_____
_____
_____
_____
_____
_____
_____

(2) あなたなら、この後、娘さんにどのように対応しますか？

_____
_____
_____
_____
_____

4 あなたが家族に対応する際、配慮していることは何ですか？

_____
_____
_____
_____
_____

知識を広げよう！

家族に利用者の様子を伝える

あなたは、家族に利用者のことを質問されたことはありませんか？ 例えば、①「入浴の拒否が続いているんです」、②「食事をよく残されています」、③「レクリエーションに参加されなくて」と家族に伝えても、漠然（ばくぜん）としていて、きちんとケアされているか不安になるかもしれません。では、どのように様子を伝えればよいのでしょうか。

①「入浴の拒否が続いているんです」

▶最後の入浴日はいつなのか、また、どのような対応をしているのか、今後の対応をどうしていくのかを伝えます。

「最後に入浴していただいたのは、○日の○曜日です。血圧や体温に問題がないときには、体を拭いたり、足浴や手浴で対応させていただいています。本人は面倒くさいから入りたくないとおっしゃっています。他にも理由があるかもしれませんので、都度の声かけで入っていただけるよう環境を整えたいと思います」など、具体的に伝えましょう。

②「食事をよく残されています」

▶「よく残される」では、回数か量かわかりづらいので、明確にします。

何（主食、副食、果物類）をどれくらい残すのか、朝食、昼食、夕食のどのときに残すことが多いのか、好物は召し上がるのか、メニューに関係しているのかなど。間食の状況なども説明しましょう。

③「レクリエーションに参加されなくて」

▶参加しない内容、集団活動や個人活動での様子の違い、集中が維持できる時間、レクリエーションに参加していない時の過ごし方などを伝えます。

また、「○○さんや皆さんに楽しんでいただけるような内容にしていきたい」など改善する意思を伝え、期待してもらえるように締めくくりましょう。

家族とのやりとりは、管理職が行うことが多いですが、サービス中に声をかけられたり、立ち話となることもあります。対応が不安な場合は上司につなぎましょう。また、直接対応をした場合は、上司にその旨を報告し、必要な場合には申し送りや記録に残しておきましょう。

説明不足が誤解やクレームをまねきます

第 13 回

さりげない配慮が認知症の人を助けます

テーマ：認知症への対応①

認知症の対応については 3 回に分けて学びます。今回は第 1 回目です。

はい。利用者の多くに認知症の人がいるので、しっかり学んでいきたいです。

高齢者の 4 人に 1 人が認知症か、その状態になりやすい人といわれています。誰にでもなる可能性がありますよ。

認知症といってもいろいろ種類がありますよね？

そうです。アルツハイマー型認知症、血管性認知症、レビー小体型認知症、前頭側頭型認知症が 4 大認知症と呼ばれています。

家族は、どんな気持ちがするんだろう……。

なんとなくは気づいていても、現実を受け入れることは簡単ではないです。そのあたりから勉強していきましょうか。

▶ 実際の場面を見ていきましょう。

第13回

テーマ：認知症への対応①

名　前：

提出日：

1 4大認知症について、適切なものには○、不適切なものには×を入れましょう。

① アルツハイマー型認知症では、時間・場所・人物がわからなくなる見当識障害がみられる。　　　　　　　　　　　　　　　　　　（　　）
② 血管性認知症はまだら認知症ともいわれる。　　　　　　　（　　）
③ レビー小体型認知症は幻視が出現する。　　　　　　　　　（　　）
④ 前頭側頭型認知症は性格が変わる。　　　　　　　　　　　（　　）
⑤ 4大認知症は治療によって完治する。　　　　　　　　　　（　　）

2 この場面を考えよう！

菅井さんはアルツハイマー型認知症です。あなたなら久しぶりに訪ねてきたお孫さんに、どのような配慮をしますか？

3 この場面を考えよう！

菅井さんには時間に対する見当識障害がみられます。あなたなら、どのような対応をしますか？

_____
_____
_____
_____
_____
_____

4 この場面を考えよう！

菅井さんには人物に対する見当識障害がみられます。あなたなら、どのようにお孫さんを紹介しますか？

_____
_____
_____
_____
_____

5

場所に対する見当識障害に対しては、住まいの工夫が有効です。どのような工夫が考えられるでしょうか？

_____
_____
_____
_____
_____

知識を広げよう！

4大認知症の特徴

認知症といっても原因となる疾患はたくさんあります。ここでは4大認知症について主な特徴をまとめました。脳のどの部位が障害を受けるかによって症状が異なります。

認知症	主な特徴
アルツハイマー型認知症	・脳が全体的に萎縮する ・認知症の中で最も多い ・女性に多い ・初期症状は記憶障害、見当識障害、判断力の低下である ・見当識障害は時間→場所→人物の順に認識しにくくなる ・症状はゆるやかに進行する
血管性認知症	・脳梗塞、脳出血などの後遺症として起こる ・男性に多い ・片麻痺や言語障害を伴うことが多い ・症状は階段的（ガクッと落ちる）に進行する ・抑うつ状態になる（1人を好むようになる）
レビー小体型認知症	・レビー小体が脳にたまり神経細胞が障害される ・手足のふるえ、筋肉のこわばりなどパーキンソン症状がみられ、転びやすい ・小動物や虫などの幻視が出現する ・日内変動（1日の中で症状のいいとき、悪い時がある）がみられる ・薬の副作用が出やすい
前頭側頭型認知症	・脳の前頭葉、側頭葉が萎縮する ・初老期に発症する ・性格の変化がみられる ・常同行動（同じ行動をくり返す）がみられる ・万引きや痴漢などの反社会的行動がみられる

症状の理解は、認知症の人の行動の理解につながります

第14回

認知症の人の行動には理由があります

テーマ：認知症への対応②

 認知症の対応についての2回目です。前回、見当識障害という言葉が出てきましたが、覚えていますか？

 えっと、時間・場所・人物がわからなくなることです。

 見当識障害や記憶障害などは、脳の器質的障害（脳そのものの障害）が原因で起こるもので、中核症状といいます。

 中核症状……。

 中核症状がもとになって起こる症状を行動・心理症状（BPSD）といいます。帰宅願望や徘徊などが行動・心理症状（BPSD）にあたります。

 どうして中核症状が行動・心理症状（BPSD）につながるのですか？

 例えば、記憶障害によって施設に住んでいることを忘れると、家に帰ると言います。

 ただ帰りたいのではなくて、理由があるんですね。

 あたりを見回して、知らない場所で知らない人だらけだと、帰らなくちゃと思いますよね。

 知らない場所で知らない人だらけなんて、すごく不安ですね。

テーマ：認知症への対応②

村岡さん、こんばんは
どちらへ行かれるんですか？

今から家に帰ります

村岡さんの家はもうないしなぁ
ここが家だしなぁ
え？

む、村岡さん待ってください！
家へは帰れませんよ！

どうして?!

家に帰らなきゃいけないの!!

村岡さんの家はここです
帰る家はもうありませんよ

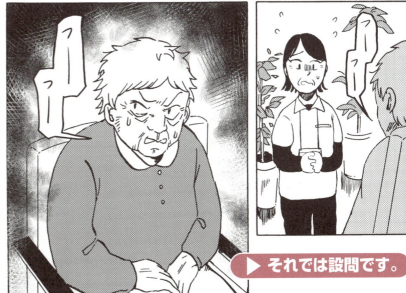

第14回

テーマ：認知症への対応②

名　前：

提出日：

1 行動・心理症状（BPSD）について、適切なものには○、不適切なものには×を入れましょう。

① 中核症状がもとになり、心理的な要因で起こる。　　　　　（　　）
② 間違った行動はそのつど否定する。　　　　　　　　　　　（　　）
③ 環境の変化によって引き起こされる。　　　　　　　　　　（　　）
④ 行動の背景を考えることがケアにつながる。　　　　　　　（　　）
⑤ 介護職の適切なケアで改善する。　　　　　　　　　　　　（　　）

2 行動・心理症状（BPSD）にはどんなものがありますか？

----

3 この場面を考えよう！

(1) 村岡さんには「今から家に帰ります」と帰宅願望がみられます。あなたなら、どのような声をかけますか？

----

(2) 村岡さんの帰宅願望への今後の対応を考えるため、状況の分析が必要です。把握しておくべき事項をあげてください。

 この場面を考えよう！

村岡さんの怒りは頂点に達しているようです。
あなたなら、どのような対応をしますか？

知識を広げよう！

中核症状と行動・心理症状（BPSD）

行動・心理症状（BPSD）
- 暴力
- 暴言
- 抑うつ
- 妄想
- 興奮
- 介護拒否
- 異食
- 帰宅願望
- 徘徊　など

中核症状
- 記憶障害
- 見当識障害
- 実行機能障害
- 理解・判断力の障害　など

心理的要因、身体的要因、環境の変化、介護者のかかわりなどにより、行動・心理症状（BPSD）が現れます

	主な中核症状
記憶障害	・短期記憶（新しいこと）が失われていきます ・比較的、長期記憶（昔のこと）は保たれます
見当識障害	・年月日や季節、曜日、時刻、自分がいる場所、人と自分の関係などがわからなくなります
理解・判断力の障害	・ものごとを適切に理解し、判断することがむずかしくなります ・考えるスピードが遅く、質問に答えるにも時間がかかります
実行機能障害	・例えば、買い物をして料理をする、衣類に合わせて洗濯するなど、目標を決めて計画的に何かを行うことができなくなります
失認	・空間の中の位置がわからない（視空間失認）など、感覚器による状況の把握ができなくなります
失行	・ズボンの履き方がわからなくなる（着衣失行）など、一連の動作を行う機能が低下します
失語	・物の名前が出てこない（健忘失語）など、会話や言葉の異常がみられます

第15回

あわてず、正しい理解で対応しましょう

テーマ：認知症への対応③

 認知症の対応についての3回目です。

 認知症の対応は奥が深いですね。

 どんなときに、そう感じましたか？

 以前うまく対応ができて、すぐに落ち着かれたのですが、今回同じ対応をしたら、興奮させてしまいました。

 大切なのは、その人自身を知ることと、その人の今の状態を知ることですね。

 そうですね。実感しました。

 症状が進むと、自分の状況や気持ちを伝えることが難しくなります。

 表情や行動から察することが必要ですね。

 認知症の人に「あの人は私の味方だから安心して任せられる」と感じてもらえればいいですね。

▶ 実際の場面を見ていきましょう。

第15回

テーマ：認知症への対応③

名　前：
提出日：

1 認知症ケアの基本について、適切なものには〇、不適切なものには×を入れましょう。

① 精神状態を穏やかに保つ。　　　　　　　　　　　　　（　　）
② 受容的な態度で接する。　　　　　　　　　　　　　　（　　）
③ 部屋に私物の持ち込みは禁止する。　　　　　　　　　（　　）
④ 症状の進行にあわせて環境を変化させる。　　　　　　（　　）
⑤ 個人の人格を尊重する。　　　　　　　　　　　　　　（　　）

2 あなたが認知症の人とコミュニケーションする際、気をつけていることは何ですか？

---

3 この場面を考えよう！

岩田さんは現実には亡くなっている犬を探しています。
あなたなら、どんな対応をしますか？

---

4 この場面を考えよう！

岩田さんが突然「うるさーい」と怒ったのはなぜでしょうか？

_____
_____
_____
_____
_____
_____

5 この場面を考えよう！

今後同じような状況が起こることが考えられます。千春たちはどうすればよいでしょうか？

_____
_____
_____
_____
_____

知識を広げよう！

認知症ケアの考え方

　イギリスのキットウッド氏が提唱したパーソン・センタード・ケアという考え方があります。介護職の希望・都合でケアをするのではなく、認知症の人を中心にして考えます。その人らしさを大切にする、その人を尊厳したケアを目指すものです。

　また、フランスのジネスト氏が提唱したユマニチュードという考え方があります。行動・心理症状（BPSD）を和らげるためには、①見つめる、②話しかける、③触れる、④寝たきりにしないことが効果的で、人間らしく関わることが重要だとしています。

1番大切なキーワードは「尊厳」です

認知症の人への好ましくない対応

好ましくない対応	例
断る	・「無理です」　・「できません」　・「やれません」
無視する	・知らん顔　・聞こえないふり　・素通り
子ども扱いする	・「○○ちゃん」　・「お手々を洗いましょう」 ・「おしっこ、行きますか？」　・「上手にできましたねぇ」
強要する	・「食べてしまって」 ・「飲んでもらわないと困ります」 ・「早くして」
だます	・介護職の都合や気分で、その場限りでごまかす ・説明が2転3転し、一貫性がない
ため息をつく	・相手に自責の念をもたらす ・暗い印象、疲れた雰囲気を感じさせる ・否定感をもたらす　・不安にさせる
否定する	・本人が信じていることを頭ごなしに否定する ・「外へ行けませんよ」　・「できませんよ」　・「無理ですよ」

第16回

最期のときまで支える

テーマ：**ターミナルケア**

 ここでは、ターミナルケア（終末期ケア）について学んでいきましょう。

 ターミナルケアって、余命がわずかになった人へのケアですよね。

 そうです。看取りともいいます。

 介護職は日常生活の支援と思っていたので、人生の最期の場面のお世話までするとは考えていませんでした。

 本人が望む生活を最期まで支えます。そういう意味では、日常生活の支援の延長にあるものといえます。

 でも、介護職に何ができるんだろう？

 心地よく、穏やかに最期を迎えられるよう関わります。利用者だけではなく家族へのケアも重要です。

 大切な人とかけがえのない時間を過ごせるよう、介護職がしっかりサポートしなればいけませんね。

▶ 実際の場面を見ていきましょう。

ごめんなさい
起こしてしまいましたね

何か飲みますか？

……

夢を見ていたの

歌ってくれる？

ありがとう
すぅーと
痛みが和らいだわ

ここへ来て
新しい家族ができました

本当にありがとう

▶ それでは設問です。

第16回

テーマ：ターミナルケア

名　前：

提出日：

1 ターミナルケアについて、適切なものには○、不適切なものには×を入れましょう。

① ターミナル期は、医療をつくしても死が避けられない状態をいう。
（　　）
② 積極的にリハビリテーションを行う。（　　）
③ 家族で過ごす時間を大切にするため、介助は全て家族に任せる。（　　）
④ 死別による喪失感への精神的な配慮が必要である。（　　）
⑤ 最期まで人格を持った人として接する。（　　）

2 ターミナル期における身体状況の変化について、適切なものには○、不適切なものには×を入れましょう。

① 手足が冷たくなる。（　　）
② 脈拍が強くなる。（　　）
③ 呼吸の間隔が不規則になる。（　　）
④ 耳が聞こえなくなる。（　　）
⑤ 口からの分泌物がなくなる。（　　）

3 ターミナル期に、利用者への支援として行うことを書いてみましょう。

------

4 ターミナル期に、家族への支援として行うことを書いてみましょう。

---

5 この場面を考えよう！

ありがとう
すぅーと
痛みが和らいだわ

今田さんは千春の対応で痛みが和らいでいます、理由を書いてみましょう。

知識を広げよう！

その人らしい最期を支えるために

　ターミナルケアでは、本人の死に対する思いを知っておくことが大切です。実際には本人の自己決定や意思表示が難しくなり、家族に希望を聞くことが少なくありません。人生を締めくくる最期に誰に会いたいか、どこでどう過ごしたいかなどを把握し、少しでも実現できるように環境を整えましょう。人生の最期にかかわり、命の尊さを感じることは、介護職としての存在を考えるきっかけになります。また、人として成長するきっかけにもなります。

トータルペイン（全人的苦痛）

　ターミナル期に入ると様々な痛みと向き合うことになります。緩和ケアでは痛みを①身体的苦痛、②精神的苦痛、③社会的苦痛、④霊的（スピリチュアル）苦痛の４つの側面から捉え、これらを総合してトータルペイン（全人的苦痛）と呼んでいます。

　介護職だけでは全ての痛みを緩和することはできません。医療職など多職種と連携して、介護職としてできることを行っていきましょう。

最期まで人としての尊厳を守りましょう

第17回

やめない介護スタッフになるために

テーマ：**ストレスマネジメント**

橋本さん、職場には慣れましたか？ ストレスはたまっていませんか？

少々のストレスは気合いで頑張ります。大丈夫です！

そう言ってもらえると心強いですが、気合いで乗り切るのには限界がありますよ。

ストレスがたまると些細なことでイライラしたり、うっかりミスが増えたりして、利用者に迷惑をかけてしまいますよね。気をつけないと……。

仕事への責任感が出てきましたね。まったくストレスなく仕事をすることは難しいので、自分のストレスに気づいて対処することが必要です。自分自身をいたわってください。

ありがとうございます！

私も管理職としてスタッフの健康状態には気をつけています。何かあれば、いつでも相談してくださいね。

▶ **実際の場面を見ていきましょう。**

テーマ：ストレスマネジメント

第17回

テーマ：ストレスマネジメント

名　前：
提出日：

1 ストレスについて、適切なものには○、不適切なものには×を入れましょう。

① ストレスの感じ方は誰でも同じである。　　　　　　　　　　（　　　）
② 同じ人でも体調によってストレスの感じ方は違う。　　　　　（　　　）
③ ストレスによって身体面の変化があらわれることはない。　　（　　　）
④ ストレスによって自分の能力が発揮できなくなる。　　　　　（　　　）
⑤ 自分のストレスの傾向を知ることが対処につながる。　　　　（　　　）

2 この場面を考えよう！

この頃、サービスに入るのが怖いんですよね

（1）伸彦は過剰なストレスを感じています。原因は何でしょうか？

（2）伸彦にはストレスによって精神面の変化がみられます。どのような変化でしょうか？

----

(3) あなたなら、伸彦にどのようなアドバイスをしますか？

---

3 あなたがストレスを感じたとき、どのような変化があらわれるか、心あたりのあるものに〇をつけましょう。

	変化の具体例
心理面	・不安　・イライラ　・緊張　・興奮　・落ち着かない　・やる気が出ない ・悲しい　・憂うつ
身体面	・やせてきた　・食欲が落ちる　・吐き気　・胃痛　・便秘　・下痢 ・睡眠不足　・動悸　・血圧の上昇　・手に汗をかく ・頭痛　・肌の不調　・肩こり
行動面	・仕事がはかどらない　・仕事を失敗する　・遅刻、欠勤が増える ・喫煙、飲酒量が増える　・身だしなみが乱れる　・ため息をつく ・気弱なことをいう　・口数が少なくなる　・笑わなくなる

(注) あてはまるものが多い、少ないを調べるのではなく、自分のストレスの傾向を知ることが目的です。これ以外に考えられる変化があれば、具体的に書いてください。

知識を広げよう！

ストレスは悪もの?!

ストレスは悪ものと捉えがちですが、悪ものと限ったわけではありません。ストレスは交感神経に働きかけるため、過度だと心身の不調をもたらしますが、適度だと判断力や決断力を高めます。

適度なストレスを緊張感と置き換えてみてください。ストレス（緊張感）がないと、仕事の不注意や挨拶、言葉づかい、みだしなみといった接遇がゆるんでしまいます。その結果、関係者に迷惑をかけてしまいます。何がストレスの原因になっているかを冷静に考え、今自分が何をするべきか、前向きに考えるようにしてみましょう。

うまくいかないことがある。で、どうしますか？

スタッフのAさんが相談にやってきました。「利用者とうまくいかなかった」と肩を落としています。話を聞いてみると、入浴のときに声かけのタイミングがあわず、「気分を悪くしたから、あなたとはもうお風呂に入らない」と拒否されたとのこと。「自信をなくしてしまいました。次回から声かけをしたくありません」と本音をもらしました。

さらに話を聞いてみると、Aさんは「拒否されないように声かけをしなければならない」「入浴していただかなくてはならない」など、「こうあるべき」という考え方をもっていて、それが精神的な負担を大きくしているようでした。仕事に真面目に取り組んでいることはわかるのですが、失敗をしてはいけないという気持ちが強すぎて、自分で自分を追い込んでいるのです。

Aさんには、「怒られることもありますよ」と、考え方を和らげてみるように勧めました。大切なのは、それからどうするかです。利用者を避けるか、利用者の入浴介助ができるようになるかは、自分の考え方次第です。

柔軟に考えることが自分を助け、相手との関係を変えていきます

第18回

どんな介護職になりたいですか？

テーマ：**キャリアデザイン**

 では最後に、キャリアデザインについて考えていきましょう。田中さんは今、何か目標がありますか？

 目標ですか？　目の前にある仕事に精一杯で、特に考えたことはありません……。

 介護福祉士を目指してはどうですか。実務経験が3年以上で実務者研修を修了すると、受験資格が得られます。

 はい！　先輩方の資格習得や新しい分野を意欲的に学ぶ姿をみて、すごいなぁと思っています。

 目標を決めると、何をやらないといけないのかが見えてきますよ。

 行動しやすくなるんですね。

 専門職としてスキルアップをしながら、自分の理想とする介護職を目指しましょう！

 どんな介護職になれるかなぁ。

▶ **実際の場面を見ていきましょう。**

テーマ：キャリアデザイン

南さん
あ、お風呂ね

そうでーす
楽しくて時間を忘れていたわ

？
何を話していたんですか？盛り上がっていましたねぇ

他愛もないことよ
施設長がいると安心するんだよ

安心？
そう。私たちのことをよく知っていてくれるからねぇ

もともとね

一般の事務をしていたんだけど、あるとき、祖母が倒れて私が面倒を見るって家族に宣言したの

おばあちゃん子だったから

うん うん

思うようにいかないこともたくさんあったけど、祖母が亡くなる前にありがとうって言ってくれて

ふふふ

しんけん

▶ それでは設問です。

第18回

テーマ：キャリアデザイン

名　前：

提出日：

1 キャリアデザインについて、適切なものには○、不適切なものには×を入れましょう。

❶ どのように仕事の経験を積んで、どうなりたいかを設計する。　（　　　）
❷ 将来はわからないため、イメージを明確にする必要はない。　　（　　　）
❸ 専門的な技術を高めることだけを考える。　　　　　　　　　　（　　　）
❹ 新しい仕事に取り組むために資格を取得する。　　　　　　　　（　　　）
❺ 仕事を続けていくやりがいになる。　　　　　　　　　　　　　（　　　）

2 この場面を考えよう！

施設長はどうして介護職になったんですか？

あなたはどうして介護職になりましたか？　きっかけや印象に残っている出来事は何ですか？

----

3 介護職がキャリアアップするために必要とされる能力には、どのようなものがあるでしょうか？

----

4 この場面を考えよう！

(1) 施設長は、認知症ケアの専門性を深めるために研修に通っています。今、あなたが学びたいこと、関心のあることは何ですか？

----

(2) (1)で書いたことに対して、取り組んでいることや予定している行動を書いてみましょう。

おわりに

　与えられた職務を責任を持ってやり遂げることが、仕事の基本です。そのためには、知識、技術、判断力、体力など様々な要素が必要です。

　以下のシートは、職務をやり遂げるための基本的な能力を簡潔にまとめたものです。A（常にできている）、B（だいたいできている）、C（できていない）の3段階で自己評価してみてください。

	項　目	評　価
1	業務に必要な制度や法令を理解し、遵守している	
2	組織の理念と目標を理解し、行動している	
3	組織の中で自分の役割を理解し、担当業務を遂行している	
4	職場の課題を発見し、チームの一員として解決に努力している	
5	業務において必要な専門的知識や技術の向上に取り組んでいる	
6	個人目標を設定し、計画的に実行している	
7	仕事から生じるストレスを自覚し、対処している	

　本書の全18回を通じて学んできたことは、この基本的な能力にあたります。
　職務をやり遂げるための基本的な能力を高め、キャリアを積みながら、思い描く介護職を目指してください。

介護の仕事は年齢に関係なく働けることが特徴です
息の長い職業人生が送れるよう、心から応援しています

記入例と解説

第 1 回 ▶ テーマ：職業倫理 ………………… 136
第 2 回 ▶ テーマ：QOL（生活の質） ………… 138
第 3 回 ▶ テーマ：接　遇 …………………… 140
第 4 回 ▶ テーマ：コミュニケーション ……… 142
第 5 回 ▶ テーマ：バイスティックの7原則 …… 144
第 6 回 ▶ テーマ：レクリエーション ………… 146
第 7 回 ▶ テーマ：リスクマネジメント ……… 148
第 8 回 ▶ テーマ：心理面に配慮した生活支援 …… 150
第 9 回 ▶ テーマ：感染症予防 ……………… 152
第 10 回 ▶ テーマ：虐待防止 ………………… 154
第 11 回 ▶ テーマ：介護記録 ………………… 156
第 12 回 ▶ テーマ：家族への対応 …………… 158
第 13 回 ▶ テーマ：認知症への対応① ……… 160
第 14 回 ▶ テーマ：認知症への対応② ……… 162
第 15 回 ▶ テーマ：認知症への対応③ ……… 164
第 16 回 ▶ テーマ：ターミナルケア ………… 166
第 17 回 ▶ テーマ：ストレスマネジメント …… 168
第 18 回 ▶ テーマ：キャリアデザイン ……… 170

第1回 「1番大切なキーワードは『尊厳』です」

テーマ：**職業倫理**

1 介護職の職業倫理について、適切なものには○、不適切なものには×を入れましょう。

❶ 専門職には倫理が求められる。　　　　　　　　　　　　（ ○ ）
➡専門的な知識・技術だけでなく、専門職の倫理が求められます。

❷ 利用者の立場に立って誠実に業務を行う。　　　　　　　（ ○ ）
➡利用者1人ひとりの尊厳を守ることが大切です。

❸ 利用者の自己決定よりも、家族の意向を尊重する。　　　（ × ）
➡家族の意向を考慮しながら、**介護を受ける本人の意思に基づくサービス**を提供しましょう。

❹ 利用者の要求はどんな場合でも受け入れる。　　　　　　（ × ）
➡全ての要求が本人にとって利益になるとは限りません。専門職の立場から情報の提供や説明を行い、**自己決定を助けることも必要**です。

❺ 研修会などで自分の技術や知識を深める。　　　　　　　（ ○ ）
➡サービスの質の向上に努めましょう。

2 この場面を考えよう！

(1) 「やめてください！」と言っているのに、千春のような対応をされたら、あなたなら、どのような気持ちがしますか？

例 ▶ ・いやな人だ　・この人にはやってもらいたくない
　　　・失礼な人だ　・絶対に掃除をやらせない！　など。

・自分が利用者の立場に立った時、どんな気持ちがするかを考えましょう。
・利用者は介護職をよく見ています。自分が尊重されていないことを敏感に感じます。

(2) あなたなら、「やめてください！」と近寄ってきた堀内さんにどのように対応しますか？

例 ▶
- いったん掃除機を置き、利用者にサービス内容を説明する
- 堀内さんの質問に答え、安心してもらう　など。

- 堀内さんは怒っています。怒っているという感情を理解することが大切です。
- まずお詫びをしてから、怒らせてしまった理由を聞きましょう。

3 この場面を考えよう！

(1) 何が原因で千春は堀内さんを怒らせてしまったのでしょうか？

例 ▶
- 「結構ですよ」と言っているのに「でも、掃除をしに来たんです！」と自分の都合を優先したから
- 新人の千春と馴染みの関係ではなかったから　など。

- 業務を優先するのではなく、利用者を中心にして考えます。
- 自分では意識がなくても、利用者の尊厳を傷つけている場合があります。

(2) それでは、どのように対応すればよかったでしょうか？

例 ▶
- 挨拶の後、サービス内容を説明し、どんな用事でやってきたか、（訪室の理由）をきちんと伝えて安心してもらう
- 利用者が希望する掃除のやり方を教えてもらい、その通りに行う　など。

- 生活習慣や希望は1人ひとり異なります。個別性に配慮した対応が必要です。
- 声かけや手順に不安があるときは、何度でも上司や先輩に相談したり、個別介護計画書を確認し、適切なサービスを提供しましょう。

堀内さんに聴きました‼

　私はいつも目に見えるゴミは拾っているから、今日は綺麗だし掃除機はかけなくていいと思っていたの。私も説明が足りなかったけど、そのつどお願いしたい方法を確認して、自分に合わせてくれるとうれしいわ。ほら、年を取ると体調や気分もその日によって違うしね（笑）

第2回 できることをみつけましょう

テーマ：QOL（生活の質）

1 次の設問について適切なものには○、不適切なものには×を入れましょう。

❶ QOL は充実感、満足感を持って生活しているかを評価する考え方である。（ ○ ）
　➡ QOL（キューオーエル：生活の質）は、本当に利用者にあった支援をしているかを判断するために重要です。

❷ ADL は、日常生活を営むうえで、普通に行っている行動である。（ ○ ）
　➡ ADL（エーディーエル：日常生活動作）は、食事や排泄、整容、移動、入浴などの基本的な動作を指します。

❸ IADL は ADL より複雑で高次な行動を指す。（ ○ ）
　➡ IADL（アイエーディーエル：手段的日常動作）は、買い物や掃除などの家事全般、金銭管理や服薬管理、外出して目的地へ行くこと、電話の応対などの行動を指します。

❹ ADL が自立していなければ、利用者の望む支援は何でもする。（ × ）
　➡ **自立支援の視点も含めて判断する**ことが大切です。

❺ QOL の向上で、最も重視するのは ADL の自立である。（ × ）
　➡ 身体的な活動だけでなく、**精神的、社会的な活動を含め**総合的に捉えます。

2 どのように支援すれば QOL の向上につながるか、思い浮かぶことを書きましょう。

　例▶　・その人らしさを考える　・本人の意思を大切にする
　　　　・何ができるか観察する　など。

・何ができないかではなく、何ができるかに焦点を当てることが大切です。
・QOL を決めるのは利用者自身です。介護者自身の考えを押しつけてはいけません。

3 この場面を考えよう！

長野さんについて、この絵の範囲で観察できることを書きましょう。

例 ▶ ・右手に麻痺がある　・スプーンを使えそう

・声かけに問題なく対応している　など。

- 長野さんは右麻痺ですが、スプーンに左手が伸びているので、日頃から麻痺していない方の手を使って自分で食べているようです。
- 長野さんの普段の食事の様子をよく知らなくても、スプーンを持った際の言葉や表情で読み取れることがあります。観て察する。観察が必要です。

 4 この場面を考えよう！

(1) どうして、長野さんは困った表情になったのでしょうか？

例 ▶ ・伸彦が食事介助をやる気満々だから　・伸彦が聞く耳をもってくれそうにないから　・伸彦が声もかけずにスプーンを取ったから　など。

- 伸彦は、「長野さんは右麻痺です」と先輩に声をかけられた（情報提供）際、麻痺＝介助が必要と思ったのかもしれませんね。
- 片麻痺などの障害だけで判断せず、本人のADLを適切に理解しましょう。

(2) 伸彦は、長野さんにどのように対応すればよかったでしょうか？

例 ▶ ・事前に長野さんの食事に関する情報を確認する

・長野さんにどのように介助すればよいかを確認する　など。

- 食事の様子を観察して、タイミングをみて声をかけて、介助につくようにしましょう。
- 先輩に声をかけてもらった際、「どうすればよいですか？」と確認することも必要です。（先輩でも利用者の介助方法に慣れていたり、忙しいと指示が不十分な場合があります。）

長野さんに聴きました!!

リハビリをして今は自分のペースで食事をしていますが、メニューによっては食べにくいものがあったり、最後までスプーンですくいにくい時もあるので、声をかけてくれると助かります。それにしても、橋本さんの食事を持ってきてくれたときのご挨拶は、新人らしくフレッシュで、こちらも気持ちがよくなりました。

第3回 よい接遇で安心アップ

テーマ：接　遇

1 接遇について、適切なものには○、不適切なものには×を入れましょう。

❶ 目上の人には敬語で話す。　　　　　　　　　　　　　　（ ○ ）
➡利用者、利用者の家族、職場の上司は目上の人です。敬語を使います。

❷ 身だしなみは清潔感を重視する。　　　　　　　　　　　（ ○ ）
➡周囲に不快感を与えないように気をつけましょう。

❸ 職員同士の私語は場所をわきまえる。　　　　　　　　　（ ○ ）
➡私語やくだけた態度は不快感を与えることがあります。

❹ 第1印象は言語の部分が大きい。　　　　　　　　　　　（ × ）
➡印象は視覚（55％）、聴覚（38％）、言語（7％）で決まるといわれます（メラビアンの法則）。
➡身だしなみや表情、姿勢など視覚の部分に気をつけましょう。

❺ 利用者は親しみやすいようニックネームで呼ぶ。　　　　（ × ）
➡ニックネームで呼ばず「さん」をつけます。

2 あなたが日頃、心がけている挨拶のポイントは何ですか？

例▶　・笑顔
　　　・相手の目を見て行う
　　　・元気よく行う　など。

- 挨拶は自分から、笑顔で、はっきり聞こえるように行いましょう。
- 挨拶の前に名前を呼びかけたり、1言つけ加えると親近感が深まります。
「星川さん、お早うございます」「お早うございます。暑いですね」
- 利用者だけでなく、職員間、業者、他職種への挨拶も忘れずに。

3 日常的な表現をあらたまった表現に変えましょう。空欄を埋めてください。例）やってもらえますか ➡ お願いできますか

日常的な表現	あらたまった表現	日常的な表現	あらたまった表現
さっき	先ほど	持っていきます	お持ちします
あとで	のちほど	いいですか	よろしいでしょうか
ごめんなさい	申し訳ございません 失礼いたしました	ひまな時に	お時間があるときに
いいです（断るとき）	結構です	言ってください	おっしゃってください
どうですか	いかがでしょうか	悪いですが	申し訳ありませんが 恐れ入りますが

- その場にふさわしい表現を使い分けましょう。

4 この場面を考えよう！
介護職にとってなぜ接遇が必要だと思いますか？

例 ▶
- サービスの基本　・円滑に仕事をすすめるため
- 安心、信頼、満足してもらうため　など。

- 接遇が不適切だと印象を悪くし、利用者や家族に誤解を招き不快な思いをさせます。
- 接遇は施設（介護の質）を評価する基準になります。

5 この場面を考えよう！
星川さんは千春の接遇に安心しています。理由を書いてみましょう。

例 ▶
- 挨拶ができている
- 希望を聞いてくれたから　など。

- さわやかな挨拶で第1印象をよくしましょう。
- 千春は希望を聞いたり、窓を開けたり、仕事を理解してキビキビ行動ができています。
- 自分の態度の良し悪しは、相手からの態度として返ってきます。

第4回 まず、話を聞きましょう

テーマ：**コミュニケーション**

1 コミュニケーションについて、適切なものには○、不適切なものには×を入れましょう。

❶ 情報伝達と感情伝達の２つの側面がある。　　　　　　　　　　（ ○ ）
　➡情報伝達ではわかりやすく伝えること、感情伝達では好ましい感情を持ってもらうことを心がけましょう。

❷ 言葉以外の要素ではメッセージが伝えられない。　　　　　　　（ × ）
　➡**顔の表情、目線**など、言葉以外の部分が８割以上ともいわれています。

❸ 自分の現在の状態、感情を知ることは必要でない。　　　　　　（ × ）
　➡気づかないうちに**自分の感情の影響を受け、理解や伝達を不十分にしている**ことがあります。

❹ 傾聴することで信頼関係が深まる。　　　　　　　　　　　　　（ ○ ）
　➡傾聴は共感（感情を理解する）と、受容（話の内容や考えを否定しない）が基本です。

❺ 介護行為そのものがコミュニケーションである。　　　　　　　（ ○ ）
　➡利用者にかかわるその時から、コミュニケーションがはじまっています。

2 コミュニケーション技術について、適切なものには○、不適切なものには×を入れましょう。

❶ 高齢者は高めの声で話すと聞き取りやすい。　　　　　　　　　（ × ）
　➡聴覚の低下は高音域からはじまるため、**低い声が聞き取りやすい**です。

❷ 認知症の人とのコミュニケーションでは簡潔にわかりやすい言葉を選ぶ。
　　　　　　　　　　　　　　　　　　　　　　　　　　　　　　（ ○ ）
　➡ただし、子供のように扱うと自尊心を傷つけます。注意しましょう。

❸ 「はい」「いいえ」で答えられる質問を閉じた質問という。　　（ ○ ）
　➡一言で答えられる質問を閉じた質問といいます。
　➡自由に答えられる質問を開かれた質問といいます。

❹ 閉じた質問は会話のきっかけをつくるのに有効である。　　　　（ ○ ）
➡開かれた質問は会話を広げるのに有効です。
❺ 利用者の声が小さくて聞こえないときは聞き返さない。　　　　（ × ）
➡静かな場所に移動するなど**環境に配慮して、しっかり聞きましょう**。

3 この場面を考えよう！
ふたりは「……」と沈黙してしまいました。理由を書いてみましょう。

例▶ ・伸彦が緊張している　・共通の話題が見当たらない
　　・以前に気まずい思いをさせた　など。

- 座る位置に注目してください。横に並ぶのは親密な位置ですが、距離がかなり近いため、親しい間柄でないと違和感があり緊張します。
- 相手に対し90度か斜め前に座るとリラックスしてもらいやすいです。

4 この場面を考えよう！
伸彦は長野さんとうまくコミュニケーションがとれています。成功している要因は何でしょうか？

例▶ ・傾聴ができている　・興味のある話題を引き出せている
　　・笑顔だから　など。

- 笑顔でいると緊張がほぐれて打ち解けやすくなります。
- 「何しているんですか？」は開かれた質問に、「日向ぼっこがお好きなんですか？」は閉じた質問に該当します。自然に使い分けて会話を引き出せています。

5 あなたが利用者とコミュニケーションする際に、大切にしていることは何ですか？

例▶ ・笑顔を絶やさない　・わかりやすく話す
　　・介護職と利用者の関係であることを忘れない　など。

- コミュニケーションは話しかけるだけではなく、相手に話してもらいやすい環境や雰囲気を整えることが大切です。

第5回 良好な援助関係をつくるには
テーマ：バイスティックの7原則

1 援助関係の基本について、適切なものには○、不適切なものには×を入れましょう。

❶ 介護職と利用者の関係は友人関係と同じである。　　　　（ × ）
→介護職と利用者の関係はサービスの利用契約に基づくものです。

❷ 信頼関係が援助に影響する。　　　　（ ○ ）
→介護職は援助を行うために意識をして信頼関係をつくります。

❸ 信頼関係をつくるために利用者のニーズを受け止める。
→例えば、個別化の原則は、1人の個人として対応してもらいたいというニーズに基づきます。

❹ 援助の目標を明確にする。　　　　（ ○ ）
→介護職の援助は、利用者が求めるその人らしい自立した生活を送れるようにすることが目標です。

❺ 介護職が指導する立場で援助を行う。　　　　（ × ）
→「介護してあげる」―「介護してもらう」という関係に陥らないように、注意が必要です。

2 空欄に該当する原則を入れて下さい。

原則	介護職の関わりかた
①個別化の原則	利用者を決めつけず、個人として捉える
⑥自己決定の原則	利用者の自己決定を尊重する
④受容の原則	利用者を頭ごなしに否定せず、受け止める
⑤非審判的態度の原則	利用者の考えや行動に善悪の判断をしない
②意図的な感情表出の原則	利用者が自由に感情表現できるように関わる
③統制された情緒的関与の原則	自分の感情を自覚して利用者に関わる
⑦秘密保持の原則	利用者の秘密は漏らさない

3 それぞれの場面はバイスティックの7原則の、どの原則が守れていないと思いますか? また具体的に問題となっている行動と、どのように対応したらよいかを書いてみましょう。

(1) この場面を考えよう！

原則	例）・非審判的態度の原則　・受容の原則　・統制された情緒的関与　など。
問題となっている行動	例）・書道をしたくない状況があるのに、それに対して善悪の判断をしたり、非難をしている　・話を聞いていない　など。
どのように対応したらよいか	例）・北川さんがやりたくないと気持ちを伝えたとき、理由を尋ねてみるべきだった　・書道にまつわる話を聴かせてもらう　など。

・非審判的態度は受容を行うために必要です。

(2) この場面を考えよう！

原則	例）・個別化の原則　・意図的な感情表出の原則　など。
問題となっている行動	例）・北川さんの感情（本音）を無視している、気づいていない ・北川さんの立場になっていない　など。
どのように対応したらよいか	例）・北川さんの気持ちになって考える ・隠れた感情に気づくようにする ・感情を出してもらうよう、話しやすい雰囲気をつくる　など。

・桃子は表情が見えない後ろから挨拶をしたり、真横の近い距離に座るなど、緊張感を与える行動をしています。これでは話をしたくないと思われてしまいます。

(3) この場面を考えよう！

原則	例）・個別化の原則　・自己決定の原則　など。
問題となっている行動	例）・他の利用者とひとくくりにしている　・自分の気持ちが強すぎて、書道をするよう押し付けている　など。
どのように対応したらよいか	例）・1人の人として相手の感情を大切にする　・書道をするかしないかは本人に決めてもらう　・時間をかけて説明して、気持ちを動かしてもらう　など。

・書道をしてもらえたとしても、「させられた」という印象が強くなります。強制されると楽しむことはできませんね。

第6回 楽しいレクリエーションのコツ

テーマ：**レクリエーション**

1. レクリエーションについて、適切なものには○、不適切なものには×を入れましょう。

❶ QOLを高めることを目的とする。　　　　　　　　　　　　（ ○ ）
→ 楽しいレクリエーションは生活を豊かにし、生きがいをもたらします。

❷ 利用者の生活歴、興味・関心を把握しておく。　　　　　　（ ○ ）
→ 利用者の身体状況やニーズにあわせた方法を選択しましょう。

❸ 利用者全員が参加できる内容を考えることが重要である。　（ × ）
→ 要介護度が高くなると集団活動が困難になります。**要介護度の高い利用者には個別化も必要**です。

❹ 介護職が中心となって行う。　　　　　　　　　　　　　　（ × ）
→ あくまで中心は利用者です。**個人の自発性、主体性を尊重**しましょう。

❺ 昔のことを思い出して語ることを回想法という。　　　　　（ ○ ）
→ 精神的な安定や脳の活性化などの効果があります。
→ 認知症の人は、比較的、長期記憶が保たれているので、昔の話だと参加しやすいです。

2. レクリエーションには、どのような効果があると思いますか？

例 ▶ ・楽しみや生きがいができる　・利用者同士の交流ができる
　　　・介護予防　・リハビリテーション　など。

- 例えば「ゴーヤが実りましたね！　いつも水やりを有難うございます！」など、活動を通して周囲の人から認められることが、意欲の維持につながります。
- 今日は手指の運動、今日は利用者同士で協力できるものなど、目的を意識して計画しましょう。

3 レクリエーションの際、あなたが気をつけていることは何ですか？

例▶
- みんなで取り組めるもの　・楽しみになること
- 気がつけば、体が動いているようなこと
- ADL に合わせた内容　など。

- 利用者の個性が出せるようなレクリエーションを考えましょう。
- 安全に配慮することが基本です。事故がないように行えることを優先します。
- 平等であることも大切です。特定の利用者の発言で都合よくルールが変わる、特定の利用者の希望ばかりに沿う内容が提供される、では皆が楽しい気持ちにはなれません。

4 この場面を考えよう！
あなたは失語症の藤谷さんにどのようなところに配慮し、レクリエーションの説明をしますか？

例▶
- 一度に説明するのではなく、数回に分ける
- その時の応対や様子、表情から、理解をしているか確認する　など。

- 質問は「はい」「いいえ」、うなずきや首振りで表現できる閉じた質問（クローズド・クエスチョン）が返答しやすいです。
- 簡単な言葉を発することができる場合は、「何色がお好きですか」→「ピンク」「黄色」など単語レベルで答えられる質問をすることが、リハビリテーションにつながります。

5 この場面を考えよう！
あなただったら利き手に障害のある藤谷さんに、どうやって塗り絵に参加してもらいますか？

例▶
- どんな色を塗ればきれいになるかいっしょに考える
- これまで藤谷さんがどう楽しんでこられたか、まず観察する　など。

- 障害のない方の手を使って、自分でやってみたいと思っているかもしれません。また、障害のない方の手を使うことが利き手交換の訓練にもなります。
- 利き手が不自由なため、昔と違い思うように塗れないなどの理由でためらわれるかもしれません。その人の気持ちに寄り添うことが必要です。

第7回 小さな危険を見逃していませんか？
テーマ：リスクマネジメント

1 リスクマネジメントについて、適切なものには○、不適切なものには×を入れましょう。

❶ 事故防止マニュアルの通りに行動すれば事故は起きない。　（ × ）
→ マニュアルに従っても事故は完全に防げるものではありません！

❷ リスクマネジメントは事故を未然に防ぐことだけを重視する。　（ × ）
→ 事故を防ぐことと、事故の被害を最小限に抑えることをねらいとします。

❸ 事故が起きたときの対応を明確にしておく。　（ ○ ）
→ 医師との連携など、いざという時の対応を把握しておきましょう。

❹ 事故が起きれば家族に知らせなければならない。　（ ○ ）
→ 事故が発生した場合は、家族に誠意をもって説明しなければなりません。

❺ 事故に発展しなかった事例は参考にならない。　（ × ）
→ ヒヤリハット報告書を作成し、そこから学ぶことが必要です。

2 介護現場では、どんな事故が起こる可能性があるでしょうか？

例▶ ・転倒　・転落　・ずり落ち　・骨折　・打撲　・切り傷
　　・擦り傷　・やけど　・誤嚥　・誤飲　・異食　・誤薬　など。

・サービスに関連して発生し、利用者に損害を与えた私物の破損・紛失、個人情報の流失なども事故に含む場合があります。

3 転倒はどのような場面で起こりやすいでしょうか？

例▶ ・自力で歩行中　・ベッドから車いすへの移乗中
　　・入浴中の移動や移乗　・車いすから立ち上がる時　など。

・何が原因で、利用者がどうした時に起こりやすいか考えてみましょう。

4 この場面を考えよう！
食事介助中の誤嚥を防ぐため利用者、介護職、環境について配慮するポイントは何ですか？

利用者	例）・表情 ・視線 ・顔色 ・嚥下状態 ・咀嚼状態 ・一口量 ・口腔内の食物の溜め込み ・会話の様子 ・食べるスピード ・食欲 ・いすに深く腰をかけているか ・食事中だと認識しているか ・メニューを食べ物と認識しているか　など。
介護職	例）・利用者の上記のポイントを観察できているか ・申し送りや記録から利用者状況を把握しているか ・業務に慣れ、注意散漫になっていないか ・食事介助の経験、知識、技術 ・体調・心（ストレス）の状態　など。
環境	例）・いすの座り心地 ・いすとテーブルの高さ ・いすとテーブルの距離 ・室温、空調、明るさ ・近隣者 ・テレビがうるさくないか　など。

- ヒヤリハットや事故の原因を、利用者だけに偏らないように検討しましょう。
- 介助や観察のポイントを明確にすることが注意につながり、事故を未然に防ぎます。

5 この場面を考えよう！
酒井さんの誤嚥について、ヒヤリハット報告書を書くための相談をしています。今回の事例について書いてみましょう。

項目	内容
ヒヤリハットの内容（経過）	例）酒井さんの食事介助中、他の利用者に呼ばれて対応した後、着席せずに口腔内に一口量をスプーンで挿入（入れた）したため、酒井さんの視線がスタッフに向き、顎が引けておらず誤嚥した
ヒヤリハット時の対応と結果	例）スプーンを口腔から抜き、背後からムセを和らげるよう背中を叩いたりさすったりした。すぐにムセは引いた
今後、考えられる事故	例）・ムセ ・誤嚥 ・窒息 ・誤嚥性肺炎　など
再発防止策	例）・スタッフは食事介助時には必ず着席する ・顎が引けた状態かを確認してから口腔内に一口量を挿入する　など

- 今回の事故から生まれた、利用者の食事への恐怖、スタッフへの不信感なども今後に影響します。

第8回 気持ちのケアを忘れずに
テーマ：心理面に配慮した生活支援

1 加齢に伴う心身の変化について、適切なものには○、不適切なものには×を入れましょう。

❶ 視力、聴覚、味覚が衰える。　　　　　　　　　　　　　（ ○ ）
➡例えば、物をよく落とすようになることは、単なる不注意ではなく視力の低下が原因の可能性もあります。

❷ 病気によって気持ちの変化があらわれることがある。　　（ ○ ）
➡例えば糖尿病では低血糖により、不安になったり、いらだつことがあります。
➡認知症では性格の変化が起きることがあります。

❸ 身体的機能の個人差が小さい。　　　　　　　　　　　　（ × ）
➡身体的機能だけでなく、考え方といった価値観も**個人差が大きい**です。

❹ 性格が穏やかになり不安を感じなくなる。　　　　　　　（ × ）
➡心身の衰え、体調不良や家族のことなど多くの不安を抱えています。
➡不安があると、**前向きな気持ちになりにくい**です。

❺ 精神的なことが原因で体調不良が起こることがある。　　（ ○ ）
➡抑うつ状態などの精神状態が目立たず、身体症状だけを訴えることがあります。

2 あなたが介助の際、利用者の気持ちに対して配慮していることは何ですか？

例▶ ・そのつど声を掛ける　・相手のペースを守る
　　・笑顔を絶やさない　など。

・時間に追われていると介護職のペースになってしまいがちです。余裕をもって準備を行い、急かしたり、慌ただしい雰囲気にならないように配慮しましょう。

3 この場面を考えよう！
織田さんは桃子に向かい入浴のお礼を伝えました。どうして織田さんの行動が変わったのでしょうか？

例 ▶
- 桃子が織田さんにお風呂に入りたくない理由を聞いたから　など。

- 入りたくない、やりたくない、食べたくないなど気持ちが乗らないときに、理由を聞いてくれると、自分（の気持ち）を大切にしてくれていると感じますね。

4 この場面を考えよう！
織田さんは、どうして情けなくなってしまったのでしょうか？

例 ▶
- 同年代の人で介護を受けていない人がいるから
- 人の世話になりたくないから
- 主人を亡くして落ち込み、病気になった自分を情けないと感じている　など。

- 介護をされることで自分の老いを自覚し、傷ついている場合があります。
- 配偶者の死などの喪失体験によって意欲を失い、自分のことに無頓着になってしまうことがあります。

5 この場面を考えよう！
「もう迷惑をかけたくないの」と涙ぐむ織田さんに、あなたならどのように入浴できるように支援しますか？

例 ▶
- 迷惑をかけたくない気持ちを受容する
- 迷惑ではないことを伝える　など。

- 段階を経てでも、入浴できるように支援することが大切です。
- 生活支援以外でも、織田さんとの交流を心がけ、信頼関係をつくります。
- 織田さんの気持ちを傾聴したあと、迷惑ではなくお手伝いしたいと伝えましょう。
- 衣類の着脱、洗体、ドライヤーなど、自分でできることはやってもらい、介護職に負担がかかっていないと感じてもらいましょう。

第9回 あやしいものはシャットアウト！

テーマ：**感染症予防**

1 感染症について適切なものには○、不適切なものには×を入れましょう。

❶ 高齢者の感染は少ない。　　　　　　　　　　　　　　　（ × ）
→高齢者は抵抗力が弱く、特に注意が必要です。

❷ 病原体で汚染されたものを感染源という。　　　　　　　（ ○ ）
→病原体（感染症を起こす微生物）が、どこから（感染源）、どうやって（感染経路）侵入してくるかを知りましょう。

❸ 介護職が病原体を持ち込むことがある。　　　　　　　　（ ○ ）
→外部に出入り機会の多い介護職や面会者が持ち込むことがあります。

❹ 施設では集団感染につながることがある。　　　　　　　（ ○ ）
→感染者が出た場合、被害を最小限にすることを考えます。

❺ インフルエンザでは死亡には至らない。　　　　　　　　（ × ）
→症状が重く、肺炎などの合併症を起こす可能性があるため注意が必要です。

2 高齢者施設で集団感染を起こす代表的な病原体（感染症を起こす微生物）を書いてみましょう。

例▶ ・大腸菌（O-157）　・インフルエンザウイルス　・疥癬虫（ヒゼンダニ）
　　・MRSA（メチシリン耐性黄色ブドウ球菌）　など。

・それぞれ感染経路が違うため予防策も異なります。

3 高齢者施設では、どのようなものが感染源（病原体が存在するもの）になる可能性があるでしょうか？

例▶ ・嘔吐物　・排泄物（便・尿）　・血液　・喀痰　・使用した器具
　　　・機材（ガーゼなど）　・食品　など。

・病原体の有無に関わらず、危険性のあるものに対して予防策を講じることをスタンダード・プリコーション（標準予防策）といいます。

4 あなたが日頃、実践している感染予防策は何ですか？

例▶ ・手洗い　・うがい　・消毒　・マスクの着用
　　　・予防接種を受ける　など。

・介護者自身の体調管理が感染予防の基本です。
・ベッドまわり、トイレの床、手すり、便座の裏など、適切な方法で清潔を保持することが必要です。
・マスクの着用は相手に表情が見えにくいため、挨拶の際はマスクをいったん外し、予防のためにマスクをしていることを説明しましょう。

5 この場面を考えよう！
伸彦は急な発熱と咳からインフルエンザが疑われます。感染予防のために、できること、注意すべきことを書いてみましょう。

例▶ ・当事者を休ませる　・感染拡大を防止する
　　　・多くの人が集まる場所での活動を一時停止する　など。

・マスクを着用しても完全に感染を防止できません。業務を休む必要があります。
・空気が乾燥しているとウイルスが活性化するため、加湿器を使って湿度を50～60％に保つことが有効です。
・利用者の体調変化に注意が必要です。インフルエンザウイルスに感染して発症まで1～3日ほどかかります。また、高齢者がインフルエンザにかかっても、高熱などの典型的な症状が現れにくいことがあります。

第10回 その行為は相手を傷つけていませんか？

テーマ：**虐待防止**

1 高齢者虐待について、適切なものには○、不適切なものには×を入れましょう。

❶ 要介護度が低いと虐待が起こりやすい。（ × ）
➡**要介護度や認知症の程度が高いと虐待が起こりやすい**です。

❷ 高齢者虐待防止法に介護サービス従事者の義務が規定されている。（ ○ ）
➡養護者（家族など）だけでなく、介護サービス従事者の義務が規定されています。

❸ 介護サービス従事者は、虐待が不確定な状況であれば市町村に通報しなくてもよい。（ × ）
➡虐待と思われる**不確定な状況でも、市町村に通報の義務**があります。

❹ 介護サービス従事者による虐待は、教育・知識・介護技術に関する問題が多い。（ ○ ）
➡正しい知識や技術、虐待に対する理解を深めることが防止につながります。

❺ 施設の社会的信頼が低下する。（ ○ ）
➡利用者や家族からの信頼のほか、社会的な信頼を失います。

2 次の（ ）に該当する虐待の種類を埋めましょう。

種類	主な具体例
（ 身体的虐待 ）	・暴力行為　・乱暴に扱う行為　・身体拘束
（ 心理的虐待 ）	・脅したり、バカにしたりする発言や態度　・無視するような態度
（ 性的虐待 ）	・わいせつな行為をすること、させること
（ 介護放棄（ネグレクト） ）	・必要とされる介護や世話を怠る（著しい減食、長時間の放置、医学的な診断の無視など）　・要望や行動を制限する
（ 経済的虐待 ）	・強引もしくは都合よく金銭を借りる、盗む、不正に使用する

3 この場面を考えよう！
あなたなら、このような状況のとき、どのように対応しますか？

例▶ ・安藤さんに「マイペースで歩いてください」と声を掛ける
・後ろの人に急かさないようにお願いする　など。

・千春は誘導の混雑を避けるために、安藤さんだけを急かしてしまいました。
・他のスタッフに協力を求め、介助中の人だけではなく全員の安全確保に努めましょう。

4 この場面を考えよう！
千春の「早くしないとだめですよ」という言葉は、安藤さんをどのような気持ちにさせるでしょうか？

例▶ ・申し訳ない気持ち　・落ち込ませる　・一生懸命歩いているのに
・もう歩きたくない　など。

・「早くしないとだめですよ」は、スピーチロックに該当します。
・スピーチロックとは、言葉によって相手の行動を制限することをいいます。たとえば、「動いたらダメです」「早く食べてください」など。また、「どうしてそんなことをするんですか」「何度言ったらわかるんですか？」のような叱責も該当します。ふとした発言が利用者を傷つけます。

5 この場面を考えよう！
あなたなら、安藤さんに「ごめんなさいね」と謝られた場合、どのような対応をしますか？

例▶ ・安藤さんにお詫びをさせたことに対して謝る　など。

・千春は安藤さんが着席するとすぐに、ため息を漏らしてしまいました。ため息は疲労感やストレス、退屈した際にこぼれることが多く、安藤さんは千春に迷惑をかけたと受け取ったかもしれません。
・ため息もスピーチロックと同様、悪気なく出てしまうことがあります。注意しましょう。

第11回 苦手な記録を克服しよう！

テーマ：**介護記録**

1 介護記録について、適切なものには○、不適切なものには×を入れましょう。

❶ 記録はケアを行った証（あかし）になる。　　　　　　　　　　　　（ ○ ）
➡介護職の支援によって利用者の生活が維持できている証となります。

❷ 記録の共有はチームケアに必要なものである。　　　　　　　　　（ ○ ）
➡介護の質の向上につながります。

❸ 記録は誰でも閲覧できるよう、わかりやすい場所に置く。　　　　（ × ）
➡記録は個人情報です！　責任を持って管理をしなければなりません。

❹ 利用者本人が求めても見せる必要はない。　　　　　　　　　　　（ × ）
➡本人からの申請があれば、原則開示しなければなりません。

❺ 記録は事故が起こった場合に、介護職を守ることになる。　　　　（ ○ ）
➡正確なケアの記録がリスクマネジメント（予防策）となります。

2 介護記録の書き方について、適切なものには○、不適切なものには×を入れましょう。

❶ 記憶が確かな当日中に記録する。　　　　　　　　　　　　　　　（ ○ ）
➡バイタルサインや食事量などは、メモをとって数値などを正確に記録します。

❷ 記録は消せるよう、鉛筆書きが好ましい。　　　　　　　　　　　（ × ）
➡黒のボールペンなど消せないものを使用します。
➡訂正は二重線と印鑑が基本です。修正液を使用してはいけません。

❸ 誰が記録したか署名はしない。　　　　　　　　　　　　　　　　（ × ）
➡署名は必ず行います。

❹ 簡潔かつ明瞭に記録する。　　　　　　　　　　　　　　　　　　（ ○ ）
➡書く内容、専門用語の使用、文字の丁寧さも読み手を意識しましょう。

❺ 主観的な情報を書くことで、より正確なものとなる。　　　　　　（ × ）
➡利用者の態度や性格を書くときは主観的になりやすく、注意が必要です。

3 この場面を考えよう！
伸彦は記録を書くときに「笑顔でした」と、いつも同じ表現になってしまいます。理由を書きましょう。

例 ▶ ・笑顔しか印象に残っていない　・表現力が乏しい　など。

・観察ポイントが不明瞭だと、漠然とした表記になってしまいます。

4 次の文章について、実際の業務を思い浮かべて、具体的に内容を書き足して介護記録を完成させてみましょう。（条件は自由に設定してください）

(1) 帰宅願望あり。その後、徘徊する。
　　　①　　　　　　②　　　③

夕食後、「家へ帰りたい」と上着を羽織り、事務所へ降りてくる。帰りたい理由をたずねると「寝る場所がない」とのことで、居室へ誘導する。ここが家であることを説明すると、納得され、自ら上着を脱ぎ、ベッドに腰かけた。（←①）20分後、（←②）廊下を歩いているところを発見し、名前を呼びかけると笑顔をみせるが、無言で歩きはじめる。転倒に注意して見守ったところ、3階廊下を2往復し居室へ戻った。（←③）

①、③　本人の様子と言葉を示し、対応と結果（どうしたら、どうなった）を記録します。
②、③　時間、数量など、数値化できるものは具体的に記しましょう。

(2) 入浴後、不機嫌になり、食事拒否をする。
　　　　　　　①　　　　　　　　②

入浴中は自ら洗体し、鼻歌も聞こえたが、入浴後は、眉間にしわを寄せ、ため息をもらし、不機嫌になる。（←①）「夕飯はいらない」と言われ、「失礼がありましたか？」と理由を聞いたが、「いらない」を繰り返すのみ。好きなメニューであることを伝えたが、関心を見せない。夕食前に訪室し、食事に誘うが本人の状況は変わらず、食堂へは出てこなかった。（←②）

① 入浴中の様子を記すと、入浴後の態度の変化がわかりやすいです。
② 記録は上手くいかなかったことも含めて書き、今後のカンファレンスなどの資料に活用します。

第12回 説明力できっちり関係づくり・クレーム対応

テーマ：家族への対応

1 家族への対応について、適切なものには○、不適切なものには×を入れましょう。

❶ 挨拶、言葉づかい、身だしなみに気をつける。　　　　　　　（ ○ ）
→信頼関係をつくる基本となるのは接遇（第3話参照）です。

❷ 忙しいという態度はあらわさない。　　　　　　　　　　　　（ ○ ）
→忙しいのは介護職の都合です。表情や態度に出さないよう気をつけましょう。

❸ わからないことを聞かれたら返事をあいまいにする。　　　　（ × ）
→「聞いてきます」「確認してきます」などと伝え、**責任をもって答えます**。
→不安なときは、上司や先輩に説明を代わってもらいます。

❹ できるだけ専門用語を使って説明する。　　　　　　　　　　（ × ）
→相手の理解度にあわせて、**わかりやすく伝える**ことを心がけます。

❺ クレームには誠意をもってすぐに対応する。　　　　　　　　（ ○ ）
→相手の感情を理解して、迅速に対応することが基本です。

2 この場面を考えてみよう！
「そうですねぇ。嚥下力が低下してきていますね」というセリフを、わかりやすい表現に変えてみてください。

例▶ ・飲み込む力が弱くなってきています

　　・ご心配かもしれませんが、飲み込みがつらいそうです　など

- 嚥下の意味がわかる家族もいますが、飲み込みなどわかりやすい言葉を用います。
- 「飲み込みがつらいそうです」など、実際の本人の言葉を知らせてもよいです。
- 「ご心配かもしれませんが……」など言葉の頭につけて使用する言葉をクッション言葉といいます。丁寧な印象を与えることができます。

3 この場面を考えてみよう！

(1) 桃子の態度をきっかけに娘さんは、本音をぶつけました。何がいけなかったのでしょうか？

例▶ ・笑顔が無責任に見えた　・何が大丈夫かわからない　など。

- 笑顔を見せることや大丈夫と言うことは、話の内容や状況に合わせないと無責任ととられることがあります。
- 家族の表情に気がつかず、一方的に不安になることだけを伝えています。

(2) あなたなら、この後、娘さんにどのように対応しますか？

例▶ ・誠実にお詫びする　・場所を変えて話をする
　　・施設長や上司の指示を仰ぐ　など。

- 誠意をもって対応をしましょう。
  ① まずは、きちんとお詫びをします。
  ② 何に対して謝罪しているのかわかるように、自分に責任があることを認めて「このたびは不安な気持ちにさせてしまい、申し訳ありませんでした」「一方的にお話しをして失礼いたしました」など言い、頭を下げます。
  ③ 面会室などに場所を移動し、気持ちを落ち着けてもらいましょう。
  ④ 相手の感情を理解して話を聞きましょう。あいづちやうなずきは声に出し、聴いている姿勢を表し、安心してもらいます。
  ⑤ 最後にもう一度お詫びの言葉を述べましょう。

4 あなたが家族に対応する際、配慮していることは何ですか？

例▶ ・丁寧な言葉づかい　・やさしく穏やかな表情
　　・相手の反応をみながら話をする　など。

- 面会に来る家族は年に数回しか来られない人、長距離を移動してきて疲れている人、義務感で来ている人など様々です。どんな状況の家族でも、丁寧な対応で、また訪問したいと思っていただきましょう。

第13回 さりげない配慮が認知症の人を助けます

テーマ：認知症への対応①

1 4大認知症について、適切なものには○、不適切なものには×を入れましょう。

❶ アルツハイマー型認知症では、時間・場所・人物がわからなくなる見当識障害がみられる。　　　　　　　　　　　　　　　　　　　　　　（ ○ ）
→自分が今置かれている状況の認識を見当識といい、時間・場所・人物がわからなくなることを見当識障害といいます。

❷ 血管性認知症はまだら認知症ともいわれる。　　　　　　　　　（ ○ ）
→できること、できないことが、はっきりしているため、まだら認知症ともいわれます。

❸ レビー小体型認知症では幻視が出現する。　　　　　　　　　　（ ○ ）
→本当にその場に存在するような、具体的な幻視がくり返し起こります。

❹ 前頭側頭型認知症では性格が変わる。　　　　　　　　　　　　（ ○ ）
→症状がみられても、本人には病気であるという自覚がないことが多いです。

❺ 4大認知症は治療によって完治する。　　　　　　　　　　　　（ × ）
→現在の医療では、進行を遅らせることはできても完治はしません。

2 この場面を考えよう！
菅井さんはアルツハイマー型認知症です。あなたなら久しぶりに訪ねてきたお孫さんに、どのような配慮をしますか？

例▶ ・不安を与えないように接する　・菅井さんの近況を伝える
　　・菅井さんの近況を知っているか確認する　など。

- アルツハイマー型認知症は症状が進行します。お孫さんに最近の様子を知っているか確認し、面会にあたって知っておいた方がよい情報を伝えます。
- 「喜びますね」などと決めつけるのではなく、幅のある表現を選びましょう。

3 この場面を考えよう！
菅井さんには時間に対する見当識障害がみられます。あなたなら、どのような対応をしますか？

例 ▶ ・話をあわせる　・さりげなく時間がわかるようにする　など。

- 本人は本当にそう思っているため、間違えていることを責めてはいけません。
- 時間を聞かれたときには「朝の」「昼の」「夜の」など、さりげなく補いましょう。
- 午前、午後の表示のあるデジタル時計を置いたり、カーテンを開けて外の明るさがわかるようにするなど、手がかりをつくりましょう。

4 この場面を考えよう！
菅井さんには人物に対する見当識障害がみられます。あなたなら、どのようにお孫さんを紹介しますか？

例 ▶ ・「お孫さんです」と最初に声をかける
　　・お孫さんに「おばあちゃん」と話かけてもらう　など。

- 「菅井さん、お孫さんがお見えですよ。1年ぶりなんですって」など、必要な基本情報は先に伝えます。また、基本情報はくり返し伝えてもよいです。
- お孫さん自身に、一緒に写っている写真や思い出の品を見せてもらうことで、見当識に働きかけることができます。
- お孫さんのことを忘れてしまっていても、信頼関係を保つように心がけましょう。これまでの関係（間柄）を思い出すことがあります。

5 場所に対する見当識障害に対しては住まいの工夫が有効です。どのような工夫が考えられるでしょうか？

例 ▶ ・部屋の扉に好きな絵を飾る　・就寝後トイレの明かりをつける
　　・風呂場に銭湯の暖簾（のれん）を飾る　など。

- 自分がどこにいるのか、わかりやすくすることが必要です。
- 自然にセンスよく工夫をしましょう。

第14回 認知症の人の行動には理由があります

テーマ：認知症への対応②

1 行動・心理症状（BPSD）について、適切なものには○、不適切なものには×を入れましょう。

❶ 中核症状がもとになり、心理的な要因で起こる。　　　　　　　（ ○ ）
➡心理状態を知れば行動を理解できることがあります。

❷ 間違った行動はそのつど否定する。　　　　　　　　　　　　　（ × ）
➡間違った行動でも受け入れる受容的な態度で接しましょう。

❸ 環境の変化によって引き起こされる。　　　　　　　　　　　　（ ○ ）
➡なじみのない環境に移ることで不安になり、引き起こされます。

❹ 行動の背景を考えることがケアにつながる。　　　　　　　　　（ ○ ）
➡症状が同じであっても、引き起こす原因はそれぞれです。

❺ 介護職の適切なケアで改善する。　　　　　　　　　　　　　　（ ○ ）
➡不安を取り除くよう接したり、環境を整えることで改善します。
➡逆に不適切なケアを行うことにより、引き起こされます。

2 行動・心理症状（BPSD）にはどんなものがありますか？

例▶ 行動症状には、・帰宅願望　・攻撃的行動　・易怒性（怒りやすい）
　　　　　　　　・徘徊　・介護拒否　・不潔行為　など。
　　心理症状には、・抑うつ（意欲が低下してふさぎ込む）
　　　　　　　　・幻覚（現実にはないものが見える）
　　　　　　　　・物盗られ妄想（財布などを盗られたと言って騒ぐ）
　　　　　　　　・不眠（夜間興奮して寝られない）　など。

・行動・心理症状（BPSD）がみられる前後の状態を観察して、原因を考えることが必要です。

3 この場面を考えよう！

(1) 村岡さんには「今から家に帰ります」と帰宅願望がみられます。あなたなら、どのような声をかけますか？

例▶
- 「一緒に帰りましょうか」
- 「準備をしますから少し待ってもらえますか」
- 「家に何か用事ですか？」　など。

- 本人は家に帰らないといけないと本当に思っています。
  ① まず家に帰りたい理由を聴きます。
  ② 理由を受け入れて、安心されるように働きかけます。
  ③ 気分転換ができるよう、お茶やレクリエーションに誘うなどします。

(2) 村岡さんの帰宅願望への今後の対応を考えるため、状況の分析が必要です。把握しておくべき事項をあげてください。

例▶
- 帰宅願望が出現するのは、いつ、どんな状況か　・食事、水分摂取量
- 便秘　・他者とのコミュニケーション　・健康状態　・睡眠状態
- 急な変化はないか　など。

- 帰りたいと思う理由には人それぞれ、いろいろなことが考えられます。
  ① 夕方になって子供の食事の準備をしなければと思っている
  ② トイレに行きたいが場所がわからなくなっている
  ③ １人でいることが多く寂しく思っている　など。
- 居心地のよい環境づくりが大切です。

 4 この場面を考えよう！
村岡さんの怒りは頂点に達しているようです。あなたなら、どのような対応をしますか？

例▶
- 気持ちが静まるよう穏やかに話す　・無理に説得しない
- 怒りがおさまるまで待つ　など。

- 家はもうないという事実をストレートに伝えたことで、行動・心理症状（BPSD）を増強させています。
- 介護職の対応が、認知症の人に大きな影響を与えます。

第15回

あわてず、正しい理解で対応しましょう

テーマ：認知症への対応③

1 認知症ケアの基本について、適切なものには○、不適切なものには×を入れましょう。

❶ 精神状態を穏やかに保つ。　　　　　　　　　　　　　　　（ ○ ）
➡ 精神的に不安定な状態が、行動・心理症状（BPSD）を引き起こします。

❷ 受容的な態度で接する。　　　　　　　　　　　　　　　　（ ○ ）
➡ 否定したり、叱ったりせず、まずは認知症の人の認識にあわせます。

❸ 部屋に私物の持ち込みは禁止する。　　　　　　　　　　　（ × ）
➡ なじみのあるものを身近に置くことは、**精神状態の安定につながります**。

❹ 症状の進行にあわせて環境を変化させる。　　　　　　　　（ × ）
➡ 環境や生活習慣の変化への適応は難しく、**ストレスとなります**。

❺ 個人の人格を尊重する。　　　　　　　　　　　　　　　　（ ○ ）
➡ 他の利用者と同じように、尊厳を持って接することが基本です。

2 あなたが認知症の人とコミュニケーションする際、気をつけていることは何ですか？

例▶ ・やさしい表情で接する
　　・わかりやすい言葉を用いる
　　・一度に多くの話をしない　など。

- 理解力が低下していることがあるため、ゆっくり、落ち着いた口調で話しかけましょう。
- 理解できずに「わかりました」と言っている場合があります。様子を観察するなど確認が必要です。
- 大きな声や早口は、怒られている、急かされていると受け取られます。
- 表情やジェスチャーなど、言語以外のコミュニケーションが有効な場合もあります。

3 この場面を考えよう！
岩田さんは現実には亡くなっている犬を探しています。あなたなら、どんな対応をしますか？

例 ▶
- 話をあわせて「マコちゃんがどうしたのですか」など尋ねる
- 岩田さんの話を傾聴する　など。

- 大切な犬がいなくなって心配しているという感情の理解が必要です。
- 共感しながら耳を傾ける姿勢が、岩田さんを安心させます。
- 同じことを何度言われても、はじめて聞くように話を合わせます。

4 この場面を考えよう！
岩田さんが突然「うるさーい」と怒ったのはなぜでしょうか？

例 ▶
- 3人の対応がバラバラだったから
- 適当に対応されている気がしたから
- 亡くなっていると事実を伝えられたから　など。

① 伸彦と桃子は、その場しのぎで理由をつけました。
② 千春は、嘘はだめという正義感から事実を伝えました。
- 目の前に現れた人が次々に違うことを言えば、誰だって怒りたくもなります。

5 この場面を考えよう！
今後同じような状況が起こることが考えられます。千春たちはどうすればよいでしょうか？

例 ▶
- カンファレンスを開いて対応を検討する
- 対応をチームとして統一する　・家族に協力してもらう　など。

- 安心できる声かけや対応を統一しておかないと、同じことをくり返します。
- 統一した対応は、個別計画書やカンファレンスを行い決定します。
- 認知症ケアでは、思うようにならずストレスを強く感じることがあります。介護職が自らのストレスを自覚し、コントロールすることも必要です。
- 個人で問題を抱えるのではなく、チームで協力して対応しましょう。

第16回 最期のときまで支える

テーマ：**ターミナルケア**

1 ターミナルケアについて、適切なものには○、不適切なものには×を入れましょう。

❶ ターミナル期は、医療をつくしても死が避けられない状態をいう。（ ○ ）
→死亡が予想される状態になった時期（約6か月以内）をいいます。

❷ 積極的にリハビリテーションを行う。（ × ）
→痛みや不快な状況の緩和が中心となります。

❸ 家族で過ごす時間を大切にするため、介助は全て家族に任せる。（ × ）
→家族と一緒に看取るという姿勢で、家族に協力を求めます。

❹ 死別による喪失感への精神的な配慮が必要である。（ ○ ）
→喪失により悲嘆している人に対するサポートを、グリーフケアといいます。

❺ 最期まで人格を持った人として接する。（ ○ ）
→介護職は人生の最期まで、その人らしく暮らすことを支えます。

2 ターミナル期における身体状況の変化について、適切なものには○、不適切なものには×を入れましょう。

❶ 手足が冷たくなる。（ ○ ）
→チアノーゼ（青紫色の変化）が爪や唇、四肢の先で目立ちます。

❷ 脈拍が強くなる。（ × ）
→脈拍は弱くなり、手首では感じにくくなります。

❸ 呼吸の間隔が不規則になる。（ ○ ）
→10〜30秒くらいの無呼吸状態が起こることがあります。

❹ 耳が聞こえなくなる。（ × ）
→聴覚は最期まで残ります。眠っていても会話を聞いていることがあります。

❺ 口からの分泌物がなくなる。（ × ）
→口からの分泌物が多くなり、痰が喉の奥に溜まりゴロゴロという音がします。

3 ターミナル期に、利用者への支援として行うことを書いてみましょう。

例 ▶
・日常生活の支援　・楽な体位に変換する　・褥瘡予防
・医療職との連携　・環境の配慮　など。

- 身体的な苦痛だけでなく、精神的な苦痛を緩和できるようにかかわります。
- 本人の意思表示が難しい場合は、表情やしぐさから感じとりましょう。

4 ターミナル期に、家族への支援として行うことを書いてみましょう。

例 ▶
・どのようなケアを望んでいるかの確認
・付き添いができるようにする　・介護疲れへの配慮　など。

- 付き添いや休憩ができるような環境の配慮が必要です。
- 身体状況の変化に驚かれることがあります。自然な経過であることを伝えましょう。
- やれるだけのことができた家族は、納得のいく最期を迎えられます。

5 この場面を考えよう！
今田さんは千春の対応で痛みが和らいでいます、理由を書いてみましょう。

例 ▶
・歌を歌ってもらえたから　・気持ちを受け入れてもらえたから
・母親との温かい思い出がよみがえったから　など。

- 聴覚は最期まで残るため、名前を呼んだり、話かけてみてください。
- 好きな音楽を流すなど快適な環境づくりを心がけましょう。
- 手を握ったり、さすったりすると安心感を与えられます。
- 夢の中で親しい知り合いに会うような体験をすることがあります。死への恐怖を和らげます。否定をせずに傾聴しましょう。

千春に聴きました‼

　今田さんはあの数日後に亡くなられました。私にとってもつらい出来事でしたが、他のスタッフに自分の思いを聞いてもらい、気持ちの整理がつきました。今田さん、こちらこそ貴重な経験を、本当にありがとうございました。

第17回 やめない介護スタッフになるために
テーマ：ストレスマネジメント

1 ストレスについて、適切なものには○、不適切なものには×を入れましょう。

❶ ストレスの感じ方は誰でも同じである。　　　　　　　　　　（ × ）
　➡その人の個性、経験、能力によって**感じ方は異なります**。

❷ 同じ人でも体調によってストレスの感じ方は違う。　　　　　（ ○ ）
　➡今の自分の状態を把握して、体調の悪い時は無理をしないようにしましょう。

❸ ストレスによって身体面の変化があらわれることはない。　　（ × ）
　➡精神面の変化だけでなく、**身体面の変化もあらわれます**。
　➡ストレスが蓄積し、自分でも気づかずに病気になっていることがあります。

❹ ストレスによって自分の能力が発揮できなくなる。　　　　　（ ○ ）
　➡注意が散漫になり仕事のミスが多くなるなど、行動面の変化がみられます。

❺ 自分のストレスの傾向を知ることが対処につながる。　　　　（ ○ ）
　➡自分でストレスの状態を理解して対処することを、セルフケアといいます。

2 この場面を考えよう！

(1) 伸彦は過剰なストレスを感じています。原因は何でしょうか？

例▶ ・仕事が忙しい
　　・自分に無理な我慢を強いている
　　・失敗してはいけないと強く思っている
　　・新人で新しい環境に慣れない　など。

・仕事には必ず責任が生じます。責任の感じ方はその人によって異なります。
・人の生命に関わる仕事は精神的な緊張を強く感じます。

(2) 伸彦にはストレスによって精神面の変化がみられます。どのような変化でしょうか？

例▶ ・仕事を恐いと思う　・仕事のことが頭から離れない　など。

- ストレスによって不安感、緊張感、イライラ感、無力感といった精神面の変化があらわれます。

(3) あなたなら、伸彦にどのようなアドバイスをしますか？

例▶ ・休みをとるようにすすめる　・施設長に相談するようにすすめる
　　・健康診断を受けるようにすすめる
　　・趣味や運動など気晴らしをするようにすすめる　など。

- １つの対処法だけではなく、バランスよく取り組みましょう。
- 伸彦は「サービスに入るのが怖い」と言っています。介護職の責任がわかってきたとも捉えられ、成長のプロセスといえます。人から必要とされる意義ある仕事に取り組めているなど、発想を少しずつ変えてなじんでいくことが必要です。

3 あなたがストレスを感じたとき、どのような変化があらわれるか、心あたりのあるものに○をつけましょう。

	変化の具体例
心理面	・(不安)　・イライラ　・(緊張)　・興奮　・(落ち着かない) ・やる気が出ない　・悲しい　・憂うつ
身体面	・やせてきた　・食欲が落ちる　・吐き気　・(胃痛)　・便秘　・下痢 ・(睡眠不足)　・動悸　・血圧の上昇　・手に汗をかく　・頭痛　・肌の不調 ・肩こり
行動面	・仕事がはかどらない　・仕事を失敗する　・遅刻、欠勤が増える ・喫煙、飲酒量が増える　・身だしなみが乱れる　・ため息をつく ・(気弱なことをいう)　・口数が少なくなる　・笑わなくなる

- ◯は伸彦の例を記入しています。
- この状態が長く続く場合は、心療内科などを受診してください。

第18回 どんな介護職になりたいですか？

テーマ：**キャリアデザイン**

1 キャリアデザインについて、適切なものには○、不適切なものには×を入れましょう。

❶ どのように仕事の経験を積んで、どうなりたいかを設計する。（○）
➡なりたいポジションや、やりたい仕事ができるようにプランを立てます。

❷ 将来はわからないため、イメージを明確にする必要はない。（×）
➡**経験をつむことでイメージが明確になってくる**こともあります。

❸ 専門的な技術を高めることだけを考える。（×）
➡専門的な技術だけでなく、**コミュニケーションの能力、対人関係を築く能力**などが求められます。

❹ 新しい仕事に取り組むために資格を取得する。（○）
➡介護系では、介護福祉士、ケアマネジャー、認知症ケア専門士、レクリエーション介護士などの資格があります。

❺ 仕事を続けていくやりがいになる。（○）
➡キャリアデザインを通じて個人が成長することは、組織の人材育成にもつながります。

2 この場面を考えよう！
あなたはどうして介護職になりましたか？　きっかけや印象に残っている出来事は何ですか？

例▶
・母親が介護職で仕事の話をよく聞いていたから
・祖父を担当してくれたヘルパーの温かい対応に感動して
・手に職を付けたかったから　など。

・自分の価値観や仕事観を理解することが、キャリアデザインの第1歩です。
・仕事に悩んだり迷ったりしたときに、志望動機が心の支えになります。

3 介護職がキャリアアップするために必要とされる能力には、どのようなものがあるでしょうか？

例▶ ・専門的な知識・能力、責任能力、自己管理能力　など。

- 経験を積むにつれ、問題を解決する能力、課題を設定する能力、マネジメント力、リーダーシップなどが求められます。
- 目標を実現させるために、求められる能力を考えましょう。

4 この場面を考えよう！

(1) 施設長は、認知症ケアの専門性を深めるために研修に通っています。今、あなたが学びたいこと、関心のあることは何ですか？

例▶ ・コミュニケーション　・ボランティアの受け入れ
　　・レクリエーション　・人材育成　など。

- 知らないままで利用者に対応するほど怖いことはありません。専門職として知識・技術の向上に努めましょう。
- 日常的な業務の中でキャリアデザインを意識しましょう。

(2) (1)で書いたことに対して、取り組んでいることや予定している行動を書いてみましょう。

例▶ ・来月から実務者研修に通う　・今年、認知症関連の試験を受ける
　　・重度の人の入浴介助の際、先輩の介助を見学させてもらう　など。

- 取り組みたいことを明確にし、先輩や上司の指導を仰ぎましょう。
- 教えてくれないと嘆いている人がいますが、上司や先輩は「聞いてこない」＝「できている」「わかっている」と受け取っていることもあります。
- 積極的に学ぶ姿勢があると、周囲の人は協力してくれるものです。

千春に聴きました!!

利用者の方が「施設長がいると安心するんだよ」と話をしていました。何気ない会話の中でそんな話をしてもらえるなんて、施設長はすごい！　私も施設長のように利用者から信頼される介護職になりたいです。目標がなんとなく見えてきました。さて、読者の皆さんはどんな介護職になりたいですか？

☆「まんがで学ぶ！　介護スタッフ研修ワークブック」制作委員会

本文・まんが原作執筆

山本　陽子（ケア・ビューティフル）

作画

三木　愛佳

吉田　真優

宗形　美生

アドヴァイザー

林　日出夫（大阪芸術大学）

取材協力

住宅型有料老人ホーム　スイート新北島

©「まんがで学ぶ！ 介護スタッフ研修ワークブック」制作委員会　2017

まんがで学ぶ！　介護スタッフ研修ワークブック

2017年3月28日　第1版第1刷発行

編　者　「まんがで学ぶ！　介護スタッフ研修ワークブック」制作委員会

発行者　田　中　久　喜

発　行　所
株式会社　電気書院
ホームページ　www.denkishoin.co.jp
（振替口座　00190-5-18837）
〒101-0051　東京都千代田区神田神保町1-3 ミヤタビル2F
電話(03)5259-9160／FAX(03)5259-9162

印刷　創栄図書印刷株式会社
Printed in Japan／ISBN978-4-485-30407-5

- 落丁・乱丁の際は，送料弊社負担にてお取り替えいたします．
- 正誤のお問合せにつきましては，書名・版刷を明記の上，編集部宛に郵送・FAX（03-5259-9162）いただくか，当社ホームページの「お問い合わせ」をご利用ください．電話での質問はお受けできません．

JCOPY 〈(社)出版者著作権管理機構　委託出版物〉

本書の無断複写（電子化含む）は著作権法上での例外を除き禁じられています．複写される場合は，そのつど事前に，(社)出版者著作権管理機構（電話：03-3513-6969，FAX：03-3513-6979，e-mail：info@jcopy.or.jp）の許諾を得てください．また本書を代行業者等の第三者に依頼してスキャンやデジタル化することは，たとえ個人や家庭内での利用であっても一切認められません．